中公新書 27

飯田泰之著

財政・金融政策の転換点

日本経済の再生プラン

中央公論新社刊

まえがき

国債と一万円札の違いはどこにあるのだろう。

前者には金利がつき、後者には金利がつかないという違いがある。では、日本を含む複数の先進国が経験したように、国債の利回りが0になった場合にはどうだろう？　金利の有無が両者の本質的な違いならば、ゼロ金利下では両者は同じものなのだろうか。

国債と一万円札の差異は、資産・負債としての特徴や制度だけではなく、経済政策における位置づけの違いから考える必要がある。

本書は、財政政策と金融政策について標準的な理解を整理するとともに、これからの経済政策における財政・金融一体化の必要性と、新たに担うべき役割について考えていきたい。

財政政策・金融政策と一口にいっても、その機能は単一のものではない。

財政政策の機能は主に以下の三つに分類される。私企業や個人だけではできないインフラ整備や社会保障事業を通じた資源配分機能、貧富の格差を調整する再分配機能、公共事業や減税によって不況対策を行う安定化機能である。本書では主に安定化機能に関する議論を取り扱う。

　金融政策も、金融機関への規制や監督などを通じて金融システムの安定化を図るプルーデンス政策と、金利や貨幣供給に関するマネタリー・ポリシー（貨幣政策）に分類される。本書のメインテーマはマネタリー・ポリシーである。

　財政政策の安定化機能、そして金融政策におけるマネタリー・ポリシーは、ともに好況・不況の波を縮小するという類似の目標をもつ。そして、かつては、財政政策・金融政策の役割分担には一定のコンセンサスがあった。

　しかし――常識はそれが「常識」となった時点から崩壊が始まる。

　１９８０年代以来、先進国のマクロ経済政策において、財政政策と金融政策の役割分担が意識されるようになっていく。当時の常識を端的にまとめたものが、ウィリアムソン（John Williamson, １９３７～２０２１）のいうところの「ワシントン・コンセンサス」である。民営化や規制緩和を中心とした競争政策を進めると同時に、財政政策は最小限の資源配分機能を中心に抑制的に運営する。不況対策のための財政赤字を避け、経済の安定化はもっぱら金融政策が担当する政策パッケージだ。

　抑制的な財政政策と機動的な金融政策の組み合わせは、１９９０年代から２０００年代前半にインフレなき成長の時代をもたらした。２００１年のブラインダー（Alan Blinder）とイエレン（Janet Yellen）による著書『素晴らしき10年――1990年代の教訓』[1]では、財政赤字の縮小・黒字化と低金利が長期にわたるアメリカ経済の繁栄をもたらしたとしている。この成功をもとに2000年代の経済学は新・新古典派総合（New Neo-Classical Synthesis）と呼ばれる、論理的かつ実用的な経済モデルが完成したと信じられてきた。このような世界の潮流のなかで、景気対策を主に公共事業によって行ってきた日本の経済政策は内外から強く批判されていく。

しかし、これらの「新たな常識」は2008年の世界金融危機、いわゆるリーマンショックによって早くも揺らぎはじめる。同危機に対して、主要先進国は大規模な金融緩和によってその対応を図った。その過程で主要国が実施した大胆な金融政策の手法は、今日、非伝統的金融政策と呼ばれる。

金融政策は多くの国でリーマンショックの深刻化を防ぎ、2017～19年にいたる世界経済の安定的回復をもたらしたとされる。しかしながら、2010年代の世界の経済成長率は高くはない。低成長のなかで企業利益や資産価格が上昇し、失業率も改善していく――つまりは、経済成長はしていないのに景気は悪くない状況にあった。このような停滞現象は長期停滞（secular stagnation）として注目されるようになる。

これは、金融政策単独での経済安定化の限界を示すものなのか、それとも実体経済そのものに大きな転換が生じているのだろうか。

安定化政策について、1980年代以来の常識が決定的に覆されたのは、2020年に世界を襲った新型コロナウィルスの感染拡大においてであろう。米国は2021年までにコロナへの対応として、GDPの25％に及ぶ直接的な財政支出を行った。これは日本でいうならば約140兆円の追加的財政支出に相当する。巨額の財政支出は急速な景気回復をもたらした。そして膨大な財政赤字、それによる政府債務の拡大が、リスク拡大による長期金利の急騰や債務危機をもたらすことはなかった。2023年以降の米国での金利上昇は、むしろ米国経済の好調の結果と考えられることが多い。

金融政策の問題点のひとつは、需要を刺激するターゲットを選択できないことだ。金利の引き下げによって恩恵を受け、その結果として活動が拡大する産業が何になるのかを事前に特定することができない。

コロナ禍による経済的困窮や業績の悪化は一部・特定の産業とその従事者に集中した。例えば、飲食サービスや観光関連産業などは売り上げが平年の半分以下になった。それに対して一部の製造業は収益を順調に伸ばした。両者が併存する状況では産業に応じた経済対策が求められる。さらに、2022年2月にはじまったロシアによるウクライナ侵略は、エネルギー・食料を中心に特定商品の価格急騰や半導体供給の不足によるサプライサイドの問題を

財政政策の安定化の役割に対する専門家の認識

（%）

		1990年	2000年	2010年	2021年
大きな財政赤字は経済に悪影響を及ぼす	賛成	39.5	40.1	29.9	19.7
	条件付賛成	46.5	39.8	24.4	41.7
	反対	14.1	20.2	24.7	38.6
景気循環のマネジメントはFRB（中央銀行）に任せるべきであり，積極的な財政政策は避けるべき	賛成		36.0	15.1	12.2
	条件付賛成		35.6	28.7	21.2
	反対		28.5	56.2	66.6

出典：Blanchard『Fiscal Policy under Low Interest Rates』（2023）

深刻化させる。産業間のばらつきが大きい経済ショックへの対応は、財政政策によって行わざるをえない。

コロナショック、ウクライナショックを経て、均衡財政主義や財政再建路線は、かつてのコンセンサスある経済政策指針ではなくなりつつある。全米経済学界（American Economic Association）の会員へのアンケートでも、この意識変化があらわれている（表）。2000年に多数派であった「大きな財政赤字は経済に悪影響を及ぼす」という質問への賛成は2021年にはむしろ少数派意見になりつつある。「景気循環のマネジメントはFRB（中央銀行）に任せるべき」についても同様だ。

そこで本書では、第一章で財政の現状を概観するとともに、財政赤字や国債残高が誰にとって、どのような意味で負担になりうるのかを考える。総需要と供給能力の大小関係によって、財政赤字による負担の帰着先は大きく異なる。

第二章では金融政策について、ゼロ金利以前の伝統的な金融政策の波及経路と、現代の非伝統的金融政策を連続的な政策の変化として説明する。ついで、低金利の長期化が生じる原因としての自然利子率の低下や定常的不況の可能性について論じる。

第三章はこれまで別種の政策と把握されがちだった財政政策・金融政策の不可分性について論じていく。財政政策の効果は金融政策に依存し、その逆もまたしかりである。有効な安定化政策のためには両者はより一層の連動性を求められる。両政策の方向性に齟齬がある状況は実体経済に深刻な悪影響をおよぼす。さらに拡張的な財政政策の制約となる財政の維持可能性について、「財政破綻」の定義づけをこころみながら整理したい。

本書全体のまとめとなる第四章では、一体化した財政・金融政策が目指すべき中長期的な経済成長へのビジョンとして、高圧経済論を援用して議論を進める。過度のターゲット政策に陥ることなく、需要が供給を喚起する経済状況を創出するために求められるものは何か。労働力不足時代に対応した財政政策のあり方を含めて提言を行いたい。

経済の安定化政策に対して財政政策・金融政策が果たすべき役割、そして財政政策・金融政策に関する認識は大きく変化しつつある。さらに、これらのマクロ経済政策は長期的な経済成長をいかに促進するかとの観点が求められる。本書を通じて、経済政策はどこにむかうべきかを論じるきっかけを提供できればと考えている。

目次

まえがき i

第一章 財政をめぐる危機論と楽観論…………1

1 財政の「今」を知る 3

一人当たり1000万円の借金／政府の連結バランスシート／バランスシート論のふたつの誤解／ストックデータが語ること

2 公債は誰にとっての負担なのか 17

新正統派の公債負担論／国富減少だけが負担ではない／租税と公債に違いはあるのか／動学的に考える

3 GDPギャップと財政政策の効果 33

セイの法則と有効需要の原理／セイの法則の今日的解釈／価格硬直性と有効需要／ショートサイド原則と財政負

担／乗数効果と好不況／GDPギャップの理論と実際

第二章　金融政策の可能性と不可能性……51

1　金融政策の論理　53

マネタリー・ポリシーと物価／貨幣（マネー）とは何か／貸出が貨幣を創造する／伝統的金融政策の手段／内生説と外生説という擬似問題／ゼロ金利制約と金融政策

2　金融政策の波及経路と非伝統的金融政策　67

国債利回りと長期金利／資産価格とバランスシート／金融政策と為替レート／時間軸と非伝統的金融政策／ゼロ金利政策から量的緩和へ／2012年の転換点／量的質的金融緩和の開始／マイナス金利とイールドカーブ・コントロール／量的緩和政策の変化と出口戦略／出口戦略の「痛み」

3　長期停滞論と定常的不況の可能性　98

実物経済における需要と供給／名目金利と実質金利／自

然利子率と金利の下限制約／チャンス待ち戦略のリフレ論／容易に収穫できる果実／貨幣愛による不況定常状態／バランスを失う貯蓄と投資の3要因

第三章　一体化する財政・金融政策……115

1　国債と貨幣に違いはあるのか　117

政府負債としての現金／日銀当座預金の負債性／シニョリッジとは何か／財政・金融政策の新たな定義

2　財政政策・金融政策の依存関係　128

相反する政策対応／何が物価水準を決めるのか／統合政府の予算と物価／貨幣主導と財政主導／FTPLから何を学ぶか

3　財政の維持可能性をめぐって　145

財政破綻とは何だろう／発散と収束／ふたつのr－g／ドーマー条件を超えて／金利∨成長率の可能性

第四章　需要が供給を喚起する……………………165
——求められる長期的総需要管理への転換

1　高圧経済論とマクロ経済政策　167
高圧経済論とは何か／労働生産性の上昇要因／需要はみずからの供給を創造する／政策ルールから裁量の目安へ

2　需要主導政策にむけての重要な注意点　181
高圧経済と古典派的成長理論／政府による産業選別の危険性／中立的需要促進策／人材と経営の流動化／社会保障から成長へ／高圧経済はバラ色の未来ではない

謝辞　201
註記　206

図表作成／ケー・アイ・プランニング

財政・金融政策の転換点

本書では煩雑さをさけるために誤解が生じない範囲で「約」「およそ」を省くとともに、公式発表で元号が使用されている場合も年次の表記は西暦を用いる。

第一章　財政をめぐる危機論と楽観論

国債残高が１０００兆円を超え、[2]これにその他の中央政府債務や地方債を加えると公的債務の残高は１４００兆円以上にのぼる。それゆえ、日本の財政は危機的な状況であり、これ以上の拡張的な財政政策は不可能であるとの主張は多い。

一方、日本政府は他国と比べて多くの資産をもっていること、政府負債である国債の最大の保有者が日本銀行であることなどから、その危機論を批判する論者もいる。さらには、自国通貨で発行した国債を国内の家計・企業が保有しているのだから、日本の財政には何ら問題はないのだといった財政状況への極端な楽観論も少なくない。

財政、ひいてはマクロの経済状況を考えるにあたっては、ストックとフローの区別が重要となる。議論の準備のために簡潔に説明しておこう。ストックとは、ある一時点の存在量をあらわす。例えば２０２３年12月末日時点での預金残高、国債残高や保有資産などがストックデータにあたる。一方で、フローは一定期間内の生産や変化である。２０２３年のＧＤＰ（国内総生産）は、２０２３年１月から12月にかけて日本国内で生み出された付加価値額のフローデータだ。ほかにも、ある年に生じた財政赤字や国債の新規発行額もフローのデータである。年収やある年に行った貯蓄についても同様だ。

本章では国債残高や保有資産といったストックからみた日本財政の姿を概観し、次いでストックとしての国債残高が日本経済にとってどのような意味で問題であるのかを理論的に考察する。これら公債負担をめぐる整理からは、フロー――各年の政府支出・税や財政収支、そしてGDPに注目した財政論の必要性が浮かび上がる。結論を先取りするならば、日本の財政問題をめぐる危機論と楽観論はともに問題の中心を見誤っているかもしれない。

1　財政の「今」を知る

まずは日本政府の債務状況を確認することからはじめよう。メディアでは国債残高を「国の借金」と表現することが多いが、これは誤解を招きやすい表現だ。例えば、日本国債は「日本国の中央政府」の負債であって、日本国民や国内企業にとっての負債ではない。そして、日本国債を保有する日本国民にとって、国債は負債ではなく資産である。

政府だけではなく、すべての国民・国内企業を合算してその資産と負債のバランスを考えるならば、2022年末時点で日本国内の全経済主体合計の対外資産は1338兆円、対外負債は920兆円、差し引きの対外純資産は419兆円である。これは、第二位のドイツ（389兆円）を上回る値だ。[3] 日本は世界最大の対外純資産国――借入よりもはるかに資産の多い国である。

政府部門の負債と、日本経済が海外に対して保有している負債の混同が起きるのは、財政に関する用語法に由来する。我が国の財政関連統計では中央政府を「国」、地方自治体を「地方」と呼びならわしている。つまりは、地方の対義語として中央政府に関するデータを「国のデータ」と呼んでいるだけであり、そこに日本国全体、日本国民という意味合いはない。

一人当たり1000万円の借金

中央政府の債務のなかで最も注目される機会が多いのは国の基本的な予算での財源不足を補うために発行される普通国債残高である。本書は国債市場の細部を解説するものではないため、特に断りがない限り、国債とは普通国債を指すものと理解していただきたい。普通国債には、公共事業などの財源を確保するための建設国債、歳入不足に対応するために特例法に基づいて発行される特例国債（赤字国債）、復興債などがある。2023年度末（見込み）の普通国債残高は1068兆円（1―1①）、内訳は建設国債が294兆円、特例国債が747兆円、その他が7兆円ほどとなっている。

ちなみに、個人や金融機関が国債を購入するとき、その国債が建設国債なのか特例国債な

1―1　各種統計における債務残高

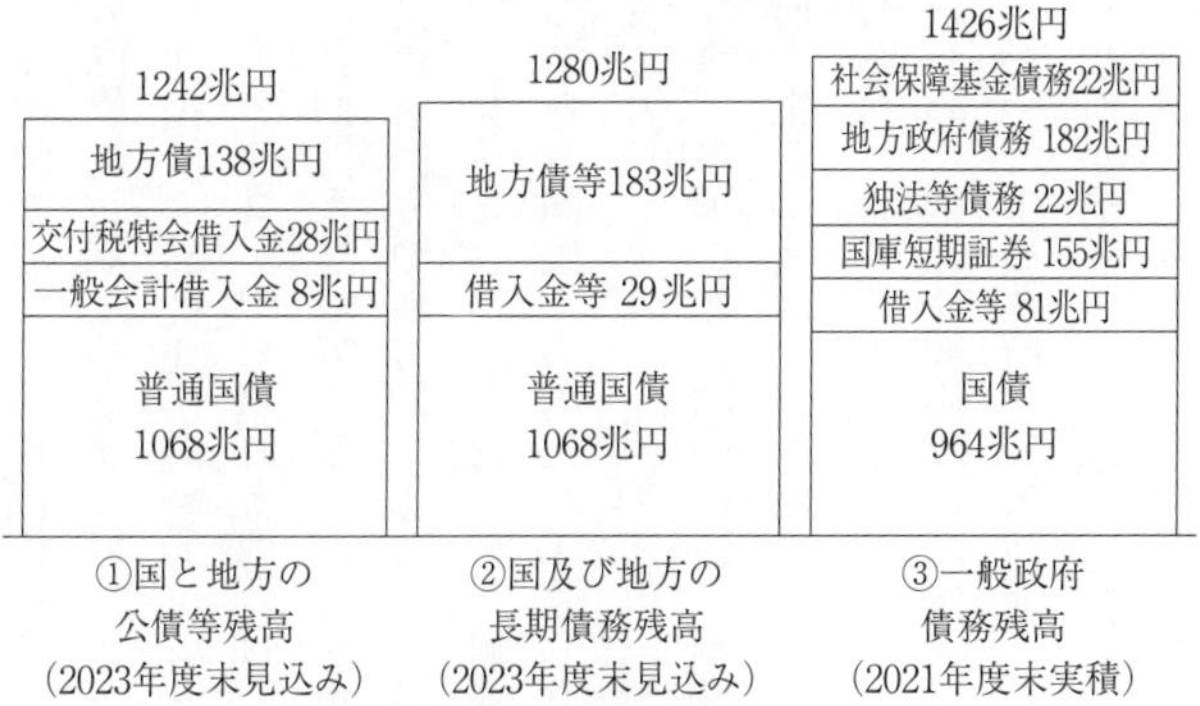

①国と地方の公債等残高（2023年度末見込み）	②国及び地方の長期債務残高（2023年度末見込み）	③一般政府債務残高（2021年度末実積）
1242兆円	1280兆円	1426兆円
		社会保障基金債務22兆円
		地方政府債務 182兆円
地方債138兆円	地方債等183兆円	独法等債務 22兆円
交付税特会借入金28兆円		国庫短期証券 155兆円
一般会計借入金 8兆円	借入金等 29兆円	借入金等 81兆円
普通国債 1068兆円	普通国債 1068兆円	国債 964兆円

出典：財務省「日本の財政関係資料」2023年４月版

のかを知ることはできない。購入側が知ることができるのはせいぜい「2年利付国債（第433回）」、「5年利付国債（第150回）」といった満期・発行時期・発行回数に関する情報のみである。建設国債・特例国債といった区別はあくまで根拠法による区分であり、市場では区別されることなしに取引されている。建設国債は財政法第4条、近年の特例公債は特例法（平成24年法律第101号）第2条、借換債は特別会計に関する法律（平成19年法律第23号）第46条・第47条に基づいて発行される。各国債は発行・入札時に根拠法が明示されるが、1回の入札が複数の根拠法に基づいて行われることが多い。そのため、唯一の根拠法に基づく入札に遭遇する偶然がない限り、「自分が買ったのがナニ国債なのか」を知ることはできない。教育国債や防衛国債といった新たな国債の提案を耳にすることがあるが、「日本の安全保障を憂えて防衛国債を買いたい」と考えても防衛国債だけを選んで買うことは、現行の国債発行制度のままでは、不可能である。

普通国債残高に次いで言及される機会が多いのが「国及び地方の長期債務残高」（１―１②）であろう。中央政府と地方自治体の債務の合計額であり、普通国債残高に国債以外の政府の長期借入と地方債残高などを足し合わせたものを指す。なお、自治体が保有する国債や中央政府保有の地方債は相殺して計上されており、２０２３年度末時点での残高は１２８０兆円と見込まれる。ちなみに、日本の人口は２０２３年３月時点で１億２４４９万人[4]である。ここから「国民一人当たり１０００万円の借金」といった表現で財政危機を喧伝する言説も少なくない。

なお、各国ごとに国内の法・制度における「政府」の範囲は異なる。財政の面でも、中央政府の役割が大きい国もあれば、州や自治体の財政規模が大きい国もある。さらに、年金や医療保険、国有企業など、どこまでを政府として扱うかは各国の国内法ごとにばらばらだ。そのため、国際比較の際には国民経済計算（System of National Accounts：ＳＮＡ）のルールにしたがって中央政府・地方政府・社会保障基金をあわせた債務残高を用いる。ＳＮＡの定義では政府が海外への支払いの際に用いる短期証券（国庫短期証券）を政府債務に含めるため、公的債務総額は１４２６兆円となる（１―１③）。

国際比較可能なSNA基準で計測した政府債務残高は日本のGDPの2・5倍に相当する。米国の債務残高対GDP比が1・2倍（以下、2023年予想値）、英国で1倍、ドイツでは0・9倍である[5]ことと比較すると、広義の日本政府の債務残高が膨大なものであることは疑いようのない事実である。

政府の連結バランスシート

しかしながら、組織の財務状況を考える際には債務（負債）だけではなく資産についても同時に把握せねばならない。企業会計に例えるならば、負債10億円・資産20億円の企業と負債5億円・資産5億円の企業では前者の財務状況の方が健全なのは明らかである。負債そのものの金額はグロスの負債（総負債）、負債から資産を差し引いた正味負債はネットの負債（純負債）と呼ばれる。

さらに、中央政府と国有企業間の貸し借りを政府負債として扱うのは妥当ではない。これは経理部と営業部、親会社・子会社間の貸し借りが企業グループにとって負債でも資産でもないのと同じ理屈だ。経済的に同一組織とみなすことができる組織同士の財務状況は連結のうえで比較検討する必要がある。

資産と負債、政府と関連する独立行政法人を連結させた財務書類は、2000年から「国の貸借対照表（試案）」として整備が進み、現在は「国の財務書類」として公表されている。そして「国の財務書類」では中央政府の一般会計と特別会計、200の法人を連結したバランスシートが公表される。連結対象になっているのはすべての独立行政法人と国立大学法人、日本政策投資銀行、各高速道路株式会社などの特殊会社である。なお、日本郵政株式会社は国による株式保有割合が過半数を下回ったため、2021年度より連結対象から外れている。

前述のように財政関連のデータでの「国」は中央政府を意味している。そのため、地方自治体や法的に独立している日本銀行などは含まれない。この点に注意したうえで2021年度末の中央政府の連結バランスシートを概観してみよう（1―2）。

1―2　国の連結バランスシート（2021年度末）

（単位：兆円）

〈資産の部〉		〈負債の部〉	
現金・預金	86.3	未払金等	15
有価証券	353.7	政府短期証券	88.3
たな卸資産	4.9	公債	1,103.10
未収金等	13.4	独立行政法人等債券	63.9
貸付金	161.6	借入金	42.3
運用寄託金	-	預託金	1.9
貸倒引当金等	▲ 3.9	郵便貯金	0.6
有形固定資産	280.1	責任準備金	28.8
無形固定資産	1.2	公的年金預かり金	126.7
出資金	22.3	退職給付引当金等	8.4
支払承諾見返等	2.3	支払承諾等	2.3
その他の資産	20.9	その他の負債	33.1
		負債合計	1,514.30
		〈資産・負債差額の部〉	
		資産・負債差額	▲ 571.6
資産合計	942.8	負債及び資産・負債差額合計	942.8

出典：財務省『令和3年度「国の財務書類」のポイント』

中央政府の債務総額は１５１４兆円。その過半を占めるのが公債（１１０３兆円、主に普通国債）である。ついで、公的年金の預かり金（１２７兆円）も負債の大きな部分を占める。

一方で、中央政府と関連団体は相互の持ち合いなどを除くと９４３兆円の資産を保有している。その大きな部分を占めるのが有価証券（３５４兆円）だ。年金積立金が主に有価証券で運用されていることがその理由である。また、２０２２年９月に24年ぶりの円買いドル売り介入が行われたことを記憶されている方も多いだろう。為替介入は、通常、政府が保有する外貨建て資産を用いて行われる。介入をつかさどる外国為替資金特別会計（外為特会）は２０２１年度末で１６７兆円の資産を保有している。外為特会の保有資産は有価証券などとして連結財務諸表の資産に計上される。

ついで大きな資産は有形固定資産（２８０兆円）――土地・建物や車両である。これらは道路や河川などの公共用財産（２０２兆円）、官庁や特殊法人等が保有する土地・建物（69兆円）がふくまれている。また、中央政府から地方公共団体、政府系金融機関の貸付金などの債権系の資産も計１６２兆円にのぼる。

企業会計では資産から負債を差し引いたものが純資産となる。もっとも、日本の中央政府の連結バランスシートでの純資産はマイナスである。これは日本の中央政府が債務超過状態にあることを示している。負債から資産を差し引いた日本の中央政府の純負債（ネットの負債額）は５７２兆円であり、これは前述の普通国債残高１０６８兆円よりもかなり小さい。資産を勘案すると中央政府のネットの負債額はＧＤＰとほぼ同程度にまで圧縮されるわけだ。

民間企業であれば債務超過状態は事実上の倒産状態となろう。しかし、債務超過という観点のみからの財政危機論は「政府の債務」に関する誤解から生じている杞憂である。第三章で詳述するように政府債務がないと現代的な意味での民間経済は成り立たない。Ｇ７諸国のすべてで政府は債務超過状態にあり、国際比較データからも債務超過状態は一般的な状況であることがわかる。

ＯＥＣＤ（経済協力開発機構）による推計では、２０２２年時点での日本国政府の純債務はＧＤＰの１・２倍と推計されている。０・３倍程度のドイツ、０・７倍前後の英国・フランスに比べると確かに高い。純債務の観点からみても、日本政府の財政状況は良好なものとはいえないのは確かだろう。その一方で、純債務の対ＧＤＰ比は米国で１・１倍、イタリアで１・３倍程度であり、単純な債務総額のみによる比較と異なり、日本の財政状況が突出して悪いとまではいえない。

バランスシート論のふたつの誤解

政府の資産を勘案すると、日本政府の純債務は５７２兆円にまで圧縮されるという議論にはふたつの、それも正反対の批判がある。

ひとつは、政府の債務はあくまで資産の差し引き計算を行わない債務総額でとらえるべきであり、現時点で国と地方をあわせて１４００兆円にのぼるグロスの債務残高の動向こそが財政状態を考えるうえで適切な指標であるとの主張だ。もうひとつは連結の範囲を広げて、なかでも日本銀行を連結すれば実質的な政府の債務はもっと少ないという楽観論である。これらの代表的な財政危機論・財政楽観論、それぞれのバランスシート解釈はともに合理性に乏しい。

グロスの総債務額を重視する危機論は、政府資産の多くは売却不可能なため資産性が薄いとの理解に由来する。仮にこれらの政府資産を売却してしまったら行政サービスが維持できないため、売却を前提とした差し引き計算はできないというわけだ。しかし、日本政府が他の主要国に比べて圧倒的に資産リッチな政府であることもまた確かである。なかでも有価証券などの金融資産の多さが目立つ。再びＯＥＣＤ基準で測ると、広義の日本政府の資産はＧＤＰの２倍に相当する。これは米国のＧＤＰ比０・８倍、ドイツの１倍と比較して際立って高い。[6] 政府の資産を縮小すると行政サービスが維持できなくなるのならば、諸外国はどのように行政を行っているのであろう。日本政府は行政サービスに直結しない資産を多く保有しており、これらの資産の存在を抜きに財政状況を語ることはできない。

そして、行政サービスを提供するうえで必要不可欠な資産についても、その経済的価値を踏まえた議論が必要だ。資産は毎年フローの価値を生み出している。自己所有の一戸建てに住んでいる人を想像されたい。この持家から得る便益（＝家に住むというサービス）が資産のフロー価値である。

国会議事堂の土地と建物は売却困難な資産の代表である。その一方で、我が国の政府は毎年、現在の国会議事堂所在地である永田町1丁目で国会を開催できる便益を享受している。継続的に便益をもたらす存在を資産でないととらえるのは無理がある。仮に政府が所有する不動産・建物について「どうしても移転できない」が「現金化する必要がある」ときにはリースバック——売却したうえで賃貸料を支払って利用を続けるといった対応を行えばよい。もっとも、第三章で言及するように、自国独自通貨かつ変動相場制のもとで、政府がこのようなタイプの、現金化の必要性に迫られることはありえないことは注記しておきたい。

なお、貸借対照表はバランスシートと呼ばれる。資産・負債のうち持論・自説に都合のよいものだけをカウントしたり（しなかったり）といったアンバランスな取り扱いを行うことは正当化できない。

年金積立金管理運用独立行政法人（Government Pension Investment Fund：GPIF）が保有する有価証券は、将来の年金給付のために保有している資産であるから売却できないとの主張もあるが、そのままの形では受けいれられない。政府の連結財務諸表には、ＧＰＩＦの保有する有価証券が資産計上されると同時に、その原資である預かり金は負債として記録されている。年金関連の積立金を資産としてカウントしないならば、預かり金も負債としてカウントしてはいけない。

そして、年金関連の資産（２００兆円）は年金預かり金等の負債（１２７兆円）よりも多い。この差額がＧＰＩＦによる運用益である。２００１年以来ＧＰＩＦは累積１００兆円の運用益を出している。政府系のファンドが生んだ利益を資産計上するのは当然のことであろう。同様に円高を防ぐための大量介入によって膨張を続けていた外為特会の資産１６７兆円の多くも、実際に処分・売却すべきか否かはさておき、十分に売却可能な政府資産である。

他方で、政府の会計に日本銀行を連結させた統合政府の債務は、より少ないはずだとの議論にも問題がある。２０２２年12月末時点での既発国債１０５１兆円のうち、５４７兆円は日本銀行が保有している。[7]政府の純債務５７２兆円から日本銀行保有の国債５４７兆円を引けば、純債務はほぼ消滅するとする暴論さえあるようだ。むろん、この差し引き計算は誤りである。

日本銀行は金融政策の一環として、一般の銀行（市中銀行）との間で国債の売買を行う。日本銀行が国債を購入すると、その代金は各市中銀行の日本銀行当座預金口座に振り込まれる（実際は日銀がネットワーク上で相当額の残高を増加させる）。当座預金残高は銀行にとっての資産であり、日本銀行にとっての負債である。

２０２３年８月時点の報告では、[8]日銀が保有する普通国債・政府短期証券の合計額は２０２２年末よりさらに増加して５９３兆円となっている。その一方で、５３８兆円の当座預金や32兆円の政府預金などの負債を抱えていることを忘れてはならない。日本銀行を含めた連結財務諸表の作成にあたって、日銀の資産は計上するが負債は計上しないという処理は不当である。このような処理は連結とは呼ばないし、その結果として計算されるアンバランスシートに経済的な意味はない。

さらに、日銀当座預金には負債性がない――返済のために現金を発行する、または日銀当座預金を振り込めばよいと主張されることもあるが、妥当ではない。第三章で詳説するが、日本銀行が発行する現金や日銀当座預金は、それが税の支払い手段である点において典型的な政府負債である。この議論が通用するのならば自国通貨建てで発行する国債も負債ではないことになってしまう。負債性という論点のみに限定すると、国債と現金に特段の差はない。

日本銀行には７４４兆円の資産と７４０兆円の負債がある。差し引きの純資産は3兆円ほどだ。したがって、政府の連結財務諸表に日銀を連結することで減少する純負債は3兆円程度にすぎない。私は中央政府と日銀間の債務・債権関係を整理するために日銀まで連結したバランスシートをつくるべきだと考えているが、それによって前出の政府のバランスシートから政府の財政状況が劇的に変わるわけではない。

財政問題に限らず、論争が白熱すると論理の先鋭化が生じやすくなる。悲観論者はより悲観的（にみえる）データを探すようになり、より悲観的な将来見通しを語るようになる。楽観論者もまた論理的な妥当性よりも、自説を補強してくれる主張に熱狂する。その結果、現実的で対応可能な論点がかすんでしまうことも少なくない。政府の連結バランスシートに関する議論はこのような議論白熱化の問題点を示すひとつの典型例といえる。

ストックデータが語ること

ここまで紹介してきた日本の財政をめぐる「数字」は、いずれもストックデータであった点に注目いただきたい。ある時点でのストックは過去のフローの蓄積である。これは過去の貯金（フロー）が積み重なった結果が、現在の貯金残高（ストック）になるのと同じことだ。現在の政府債務残高や資産残高は過去の財政状況の結果である。

普通国債に限定すると、その残高は１０６８兆円（２０２３年度末見込み）で、１９９０年から２０２３年のあいだに９０２兆円増加した。当然のことながら、収入（歳入）よりも支出（歳出）が大きいときに負債は増加する。普通国債の増大要因を分解すると、うち６７

８兆円が歳出の増加によって発生している。なかでも社会保障関係費は４４４兆円と最大の要因である。普通国債残高増加の主因が社会保障費、なかでも公的年金・医療保険の増大によることは踏まえておきたい。

一方で、税収減少による影響も１７２兆円と歳出増に次ぐ寄与となっている。一般会計税収は主に所得税・法人税・消費税収からなる。そのなかで、所得税・法人税は景況による増減が激しい。１９９０年度には60兆円あった一般会計税収は、長期の経済停滞とリーマンショックの影響で２００９年度には40兆円を切る水準にまで低下した。その後は趨勢的に増加しているが、60兆円台を回復したのは２０１８年度になってからだ。この間の長期経済停滞とそれによる税収の停滞が現在の債務状況にもたらした影響は小さくはない。

近年の景気回復にともない、税収は急激に改善しつつある。しかし、ＧＤＰ成長率の数倍にのぼる税収増はいつまでも続くわけではない。経済成長が税収をひき上げるのは好況時には黒字化する——つまりは法人税を納めるようになる企業が多いこと、より高い税率が適用される家計が増えることがその原因である。歳出が経済成長率と同程度の伸びとなるならば、経済成長による税の自然増収は確かに財政状況改善に貢献しうる。ただし、社会保障税（年金・医療関連負担）を含めた歳入については、その増加傾向は弱まる。[9] 老齢基礎年金の掛け金に代表されるように、社会保険料は所得に連動しない固定型のもの、健康保険料のように収入に連動するものの負担額に上限があるものが多いためだ。そのため、1%の経済成長は1・1〜1・5%の税収増をもたらすとの研究が多い。経済成長は財政再建の大きな助けとはなるが、税収低下の影響（172兆円）に比べて歳出増大の寄与（620兆円）がはるかに大きいことから、景気回復による税収増だけでは財政再建は困難であるとの指摘もある。

ストックデータは過去のフローの結果である。それでは、高齢化にともなう社会保障負担の増大のなかで、財政を維持するためには何が必要なのだろうか。その際に、ストックとしての財政赤字の累積が大きいことはどのような意味で国民の負担になりうるのだろうか。この問題を考えるためには経済学史上、断続的に論争の的となってきた公債負担論を呼び起こす必要がある。

2　公債は誰にとっての負担なのか

財政赤字や国債累増を問題視する財政危機論においてきまって登場するのが「将来世代への負担を許すな」とのスローガンである。日本国政府にはグロスで1400兆円以上、ネットでも500兆円以上の債務があり、これを将来世代が返済するのだから、債務残高が大きいほどそれを返済する世代に負担が及ぶのは当然と感じるかもしれない。しかし、国家の債務を家計の債務と同一視することは妥当なのだろうか。公債の発行は「いつ」「誰にとって」の負担となるのだろうか。ここでは1960年代の公債負担論争を通じて問題の焦点を絞り込んでいくことにしよう。[10]

新正統派の公債負担論

60年代の論争当初に主流派の見解とみなされていたのがラーナー（Abba P. Lerner, 1903～1982）にはじまる新正統派の議論である。ラーナーの主張は、今日、機能的財政論として知られている。2010年代以降に活発化した現代貨幣理論（Modern Monetary/Money Theory：MMT）における財政論の基礎として現代でも注目されるが、ここではその公債負担に関する論点のみに絞って説明しよう。

新正統派財政論の要点は、以下の3点にまとめられる。

（1）公債を発行しても、次世代に実質的負担は先送りされない
（2）民間による債券発行と同じ論理で公債を語るのは誤りである
（3）内国債と外国債には重要で明確な違いが存在する

(1)が新正統派による公債負担の結論であり、(2)と(3)はそれが成り立つための理由・条件である。このまとめ、そして新正統派の呼称そのものが、最大の批判者であるブキャナン(J. M. Buchanan、1919～2013)による。[11] 1950年代の書籍であるため、1920～30年代までの新古典派経済学にかわって当時の主流派となっていたケインズ経済学に依拠した財政論を「新」正統派と呼んでいる。

まずは公債の発行時点について考えよう。公債が発行されるのは、政府がそれを財源として何らかの支出を行うためだ。政府がより多くの財・サービスを費消するのだから、供給量が一定であれば、民間が利用可能な資源は減少する。例えば、関連企業や建設技術者が公共事業を受注し、工事に取りかかっている間にはその他の民間工事を請け負うことはできない。[12] このような一種の機会費用は公債発行(による財政拡大)の負担といってよい。政府支出によって民間の利用可能資源が減るという負担は、公債が発行され、財政支出が行われる現在時点で発生する。

次に、公債の償還時点を考えよう。ここで重要になるのが外国債と内国債の区別である。他国の家計・企業・政府が保有する債権が外国債であり、国内の家計・企業が保有する債券が内国債である。外国債の償還は、国内経済主体の資源を海外主体に引き渡すことであるため償還時点で国富の流出が発生する。国富の流出は国民にとっての負担といってよい。一方で、内国債は、日本国内から税を徴収し、日本国内の公債保有者に支払いを行うことで償還される。このとき、償還時点で発生するのは国内での資産の移動である。国富の減少は発生しない。現在の日本国債のうち海外保有の占める割合は7%[13]で、ほぼ内国債といってよい。

ここに企業・家計の貸借関係と政府のそれの違いがある。これはオープン・システムとクローズド・システムの違いと言い換えてもよい。企業が債務を返済するとき、その企業が利用可能な資金は、当然ながら、減少する。このように「外」がある環境をオープン・システムという。

一方で、この資金移動を日本国の単位でみると、国内企業が別の国内企業に支払いを行っても一国全体の資金や資源の減少は生じない。公債の償還においても同じである。このように外のない、閉じた環境をクローズド・システムと呼ぶ。海外との取引があるため完全に閉じているわけではないが、個々の家計・企業と比べて日本経済ははるかにクローズド・システムに近い性質をもっている。

新正統派による公債論において、公債の負担を負うのは発行時点の国民であり、将来時点への負担の先送りは生じない。さらに、失業や生産設備の遊休が生じている状態では現在時点での負担すらないかもしれない。失業や設備の遊休が多い状況で政府支出が増大すると、それまで民間が利用していた労働力や資源が減少するのではなく、主に失業や遊休設備が減少することになる。公債発行による財政出動によって失業の減少や設備稼働率の上昇が生じ、それによって財・サービスの生産量自体が増加するならば、公債発行と財政支出によって「民間が利用可能な資源が減少する」ことはない。発行時点にも償還時点にも負担が生じていないのだから、公債発行による財政支出は社会的なフリーランチ（費用なしで得られる利益）となりうるわけだ。

国富減少だけが負担ではない

このような新正統派の見解を鋭く批判したのがブキャナンである。ブキャナンらの公共選択論アプローチでは、なんらかの「強制」を負担ととらえる。

公債発行時点に生じる貸借関係は双方の合意に基づく取引である。政府側はもちろん、購入側である家計・企業も、その時々の国債の価格に納得のうえで公債を購入している。一方で、償還時点に税の徴収が行われたとき――この課税は強制である。取引の自発性と強制性といったミクロの観点に注目すると、公債発行の負担が生じるのは償還時点となる。

さらに、ブキャナンは新正統派の論理の比較方法についても批判を加える。新正統派の論理では、

（A）公債が発行されて政府支出が行われるケース
（B）公債を発行せず政府支出も行われないケース

を比較して国富の増減が論じられている。この比較は正当なものだろうか。（A）と（B）では公債発行と政府支出のふたつの「有無」が存在している。しかし、公債発行の負担のみを議論するならば、以下のふたつのケース、

（A）公債が発行されて政府支出が行われるケース
（C）公債発行以外の財源によって政府支出が行われるケース

を比較する必要がある。ブキャナンは「政府支出を賄う（まかなう）には、税金、借入金、通貨インフレの三つの方法しかない」と指摘する。例えば（A）と、

（C'）増税を財源として政府支出が行われるケース

を比較する必要があるというわけだ。同じ政府支出を、税で賄った場合と公債で賄った場

合の違いはどこにあるのだろう。ここでは新正統派とその批判者の間で結論が分かれる内国債のケースについて考える。財源が公債であれ税であれ、失業や設備の遊休がない状態では、支出が行われた時点で民間が利用可能な資源は減少する。資金調達・支出の時点では両者には差はない。一方で、将来時点において（A）では債務返済のための増税が必要となるのに対して、（C'）では国債を発行していないため、当然ながら、償還の必要もない。

公債発行の負担を国富の増減のみで考えるならば新正統派の理解は論理的に正しい。しかし、将来時点で課税される者と償還を受ける者が存在する――つまりは国内で再分配が生じることのデメリットがあるとも考えられる。

ここで、その後の新正統派への批判を通じて、時点を超えた比較をしてみよう。[14] 公債の償還は数十年先に行われるため、財政支出が行われる時点（現在）と公債発行の場合に償還が行われる時点（将来）では世代が異なると仮定する。

公債を発行して減税が行われたとしよう。このとき、現在世代は減税によって可処分所得が増加する。そして公債を購入した者は、次世代に公債を売却することでその代金を得ることもできる。一方で将来世代は、債務償還のための増税を負担する。ここで公債発行時点に将来世代はまだ生まれていないことに注意されたい。

また、公債の償還を受け取る将来世代はどこかの時点で公債を購入していると仮定しよう。

すると、公債の購入代金を支払い、公債の償還を受けているわけだから、彼らは特別の利益を得ているわけではないと解釈できる。

このように考えると、減税の恩恵を受ける現在世代／増税を負担する将来世代間の利害の対立が生じているようにみえる。現在世代はより多く消費することが可能であり、将来世代の消費は低く抑えられる。消費の減少を負担ととらえるならば、将来世代には消費減という負担が生じていることになる。公債発行を「次世代へのつけまわし」と考える直感的な解釈はこのような議論に基礎づけられている。

租税と公債に違いはあるのか

消費の減少を負担ととらえるのは現代のマクロ経済学ではごく自然な発想である。そして、経済学における個人・企業の行動は制約つき最大化問題として理解される。

個人の主観的な満足度は消費や労働量によって決まる。この関係を数式で表したものを効用関数と呼ぶ。個人は効用関数を最大にするように消費や労働の量を決定し、その量に応じて満足度が決まると考える。このような主観的な最大化を出発点とする研究手法は「マクロ経済学のミクロ的基礎づけ」と呼ばれる。

このようなミクロ的基礎づけを重視する場合、償還のための課税が将来世代にとっての負担となるか否かを考えるにはもうひとつの要素――家計の消費選択を考慮する必要がある。

まずは、公債発行と償還がごく短い期間で行われる状況から考えてみよう。ある国で今年公債を発行して給付金を支給し、翌年に増税により償還を行うとする。今年度の家計は給付によって（今年の）可処分所得が増大する。しかし、来年には減税額に利子が加わった分の増税が行われることがわかっている。このとき、家計はどのように行動するだろうか。

一般的に家計は年毎（としごと）に消費水準が大きく変動することを嫌う。これは、毎年のＧＤＰの変動ほどには民間消費が変動しないこと、個人・個別家計のデータにおいても所得の変動よりも消費の変動が小さいことなどから確認できる。これを消費のスムージングという。

家計は、来年は増税が行われるとわかっている場合、給付金によって増加した分の所得を貯蓄しておき来年の増税時の支払いに備えることで消費をスムーズ化しようとするだろう。ひとまず貯蓄手段は公債の購入であるとしよう。

ちなみに、家計による国債や株式の購入は日本経済にとっては貯蓄であって投資ではない。家計が国債を購入しても資金がそれまでの所有者、または発行時購入であれば政府に移転するだけで、日本国内で新たな生産設備や技術が生まれるわけではないためだ。貯蓄が経済全体での投資になるためには、誰かが設備・住宅・技術に対して支出を行うといった投資支出が必要である。

1—3　ある家計に給付金・増税が与える影響

	所得	給付金・税	資産所得	可処分所得	消費	貯蓄
今年	100	20	–	120	100	20
来年	100	−22	22	100	100	–

毎年の所得が１００の経済で、今年、公債発行20を財源に家計へ給付金が支給されたとする（1—3）。来年には22の増税を行い、利子をつけたうえで公債を償還する。このとき、今年の可処分所得は給付金によって１２０に増え、そのなかから来年度の増税に備えて貯蓄が行われる。その結果、今年の消費は１００である。貯蓄は来年には利子がついて22になって償還される。一方、国債の償還のために22の税が徴収されていることもわすれてはならない。資産所得から増税分を差し引くと、来年の可処分所得は１００となる。再来年以降に貯蓄を残さないならば、消費は来年も１００である。

次に、今年の給付金を増税によって賄った場合にはどうなるだろう。20の給付金と20の増税が同時に行われることになるため、今年の可処分所得は１００、来年には課税も給付もないため可処分所得は１００である。消費をスムージングしている家計の消費額は今年・来年ともに１００と公債発行が行われた場合と変わらない。

家計が将来の増税に備えて貯蓄をする行動は非現実的なものと感じられるかもしれない。しかし、現実のデータをみる限り、この想定はあながち経済学者の妄想ともいえないようだ。２０２０年には新型コロナウィルスによる経済活動の中断に対応するために一人当たり10万円の特別給付が行われた。このうち消費に回ったのは1割からせいぜい2割弱にすぎなかったと推計される[15]。これはリーマンショックによる急激な経済状態の悪化に対応して行われた定額給付金に関する研究とほぼ同じ割合である。一時的な可処分所得増の多くは、消費ではなく、貯蓄される。

合理的な消費者による償還に備えた貯蓄行動を勘案すると、同じ政策を課税によって行っても公債発行によって行っても家計の消費額に変化はないことになる。このような公債財源と税財源の同値性を「中立命題」という。このアイデアの原型を示したリカード（David Ricardo, 1772〜1823）にならってリカードの中立命題、またはリカードの等価定理と呼ばれることも多い。中立命題が成立しているならば、公債発行による追加的な負担は発生しない（利点も存在しない）。

この結論は償還期限が遠い将来にある、それ故に世代をまたいだ公債発行と償還が行われる場合にも維持されるのだろうか。ここで注目したいのが遺産の存在である。先ほどの説明では世代をまたいだ償還では、将来世代は現在世代から公債を買うと仮定していた。この想定は現実的ではない。

仮想的な例であるが、1980年に60年後償還の公債を購入した人がいたとしよう。彼が2020年に亡くなるまでこの公債を売却することなく持ち続け、そして相続税率は50％とする。制度的な詳細を省きつつ、何が起こるのかを整理してみよう。故人の保有していた公債の半分は相続税（の公債による物納）によって償還されることになる。これは将来の増税のために貯蓄（公債の購入）を行い、その貯蓄によって増税分（相続税）の支払いを行うことで、結果的に先ほどの数値例と類似の時間を超えた配分が成立している。なお、相続人がいない場合には個人の資産は収公される。これは相続税が１００％のケースと考えればよい。相続税の納税義務者は死亡者ではなく相続人であるといった制度的な相違も結論に影響しない。

そして、新たに公債の保有者となった相続人は「公債の購入代金を支払い、公債の償還を受け」るわけではない点にも注意が必要だ。相続人は無償で個人の公債の一部を引き継いでいる。そして２０４０年に償還のための増税があったとき、相続人には「増税による負担」と「公債の元利受取による収益」が同時に発生するため差し引きの損得は発生しない。ここでも世代を超えて中立命題と同様の分配が成立することになる。

もちろん、すべての家計が同じだけの公債を購入するわけではない。相対的に豊かな家計ほど将来の増税に備えて公債を購入することになろう。その結果、公債の償還には再分配効果がともなうことになる。低所得者を含む広い対象に課税を行い、一部の中・高所得者層やその子孫に償還する措置は貧者から富者への逆再分配となる可能性がある。公債の再分配効果は一般書などでもしばしば指摘される論点であるが、現在のテーマである公債発行の負担は発生時点・償還時点どちらで発生するかとは関係のない論点のため割愛する。分配の問題は再分配政策によって解決すべき問題である。[16]

金融資産としての国債やその償還時の金銭の流れにのみ注目すると、内国債に関して、公債の負担が将来時点となると考えるのは難しい。可能な消費量に注目した場合にも、公債発行の負担があるとすれば、発行時点に民間利用可能資源の減少として発生すると考える新正統派の主要結論は維持される。

動学的に考える

公債発行を「次世代へのつけまわし」ととらえる理解は一見、当然のことのように感じられる。しかし、公債発行の実際は直観的な論理だけでは導出できない。その正当化には資本蓄積という動学的な視点が求められる。ここで、資産・富としての公債の特殊性に目を向けてみよう。

私たち個人が日本国債を購入したとき、その公債は「将来のある時点で元利を受け取ることができる」ことから、資産に他ならない。しかし、この公債は社会全体でみても「資産」と呼ぶことができるのだろうか。ここではモディリアーニ（Franco Modigliani, １９１８～2

003）の議論[17]にしたがって考えていこう。

1億円相当の建物を建てると、その後、数十年にわたって住宅サービスというフローの価値が生まれ続ける。1億円かけて織物工場を建設すると、その後、ごくわずかではあるが日本の繊維製品の生産能力が向上する。しかし、1億円の国債の場合はどうだろう。それがその年の行政費用を税で賄いきれないために発行される赤字公債の場合、国債の購入代金1億円はその年の政府消費に用いられる。来年度以降に行政サービスの質が向上したり、ましてや日本経済の生産性が向上したりすることはない。

新正統派は内国債の償還が日本経済内での所得移転にすぎないことに注目した。所得移転にすぎないから国富の減少は発生しないというわけだ。しかし、その一方でシステム内での所得分配にすぎないからこそ、将来時点のGDPを増加させる効果をもたないことも忘れてはいけない。

公債という資産の特殊性を踏まえると、公債による政府支出は、増税を財源とした支出が行われたときよりも投資が減少する可能性がある。

これを数値例でみていこう。家計は当初100の所得を得ており、税引後の可処分所得の4割を貯蓄したいと考えている。貯蓄手段は社債か赤字公債である。

社債は発行企業によって工場建設や研究開発投資に充てられるが、赤字国債の場合にはその年の政府消費として費消されるとしよう。ここで政府が20の支出を行うケースについて考えてみよう。なお、本章ではまだ銀行部門の説明をしていないため貯蓄手段を債券に限定したが、以下の話は銀行預金と融資を通じて投資が行われるケースでも成立する。

支出を増税によって賄うと、家計の可処分所得は80（＝100－20）となる。貯蓄率は4割であるから社債の購入額は32（＝80×0・4）、投資額も32である。一方で赤字公債20を発行して政府支出（家計への給付金支給）を行った場合、家計可処分所得は政府からの給付を加えた100となり、貯蓄は40（＝100×0・4）である。しかし、この貯蓄のうち20は公債保有によって行われるため、社債購入額は20、投資も20となる。公債という代替的な資産があることで、社債の購入減を通じて民間投資が12（＝32－20）減少していることがわかる。

公債の発行が民間の資金調達を押し出してしまう現象をクラウディング・アウトと呼ぶ。投資資金の調達がクラウディング・アウトによって減少している。投資活動の停滞は、将来の生産設備の減少を通じて将来の生産活動（GDP）に負の影響を与える。未来のGDPが低下すると、消費も減少せざるをえないだろう。このような消費減が公債発行による将来世代の負担である。

現実経済におけるクラウディング・アウトは利子率の上昇を通じて表面化することが多い。

企業経営にはリスクがあるため、社債は公債以上の利回りを約束しないと購入されない。そのため、公債の発行額が大きくなるほど社債はより有利な条件を提示しないと購入者を得られなくなっていく。希少な貯蓄を社債と公債で奪い合っている状況を想像されたい。企業は社債の利払いを上回る収益が見込めるプロジェクトにしか投資しない。社債に求められる金利が高まると、実行可能なプロジェクトは少なくなる、つまりは投資が減少することになる。

公債発行は金利の上昇を通じて投資を抑制する。しかし、公債が発行されても金利の上昇が発生しないことがある。例えば、家計等の貯蓄が非常に多い場合には、貯蓄を社債と公債で奪い合うといった状況は生じない。所得のうち消費されない部分が貯蓄であるから、貯蓄の過剰は、消費・投資といった需要が過小であることと同義である。過剰貯蓄（過小需要）は経済において供給能力が余っている――失業や生産設備の遊休が生じているときに生じる。

新正統派の負担論において、失業や生産設備の遊休が生じている場合には、公債発行と政府支出が行われた時点でも民間経済への負担が生じなかったことを思いだしていただきたい。国富に注目した新正統派においても、資本蓄積という動学的な視野から消費減を考える場合も、失業や生産設備の遊休の有無が公債発行に負担があるか否かの分水嶺となる。一般に、一国経済の生産能力よりも需要が少ないと、失業や生産設備の遊休が生じる。このような状態を「GDPギャップがマイナスである」と表現する。公債を財源とした政府支出に負担があるか否かはこのＧＤＰギャップの正負によって決まる。

3　ＧＤＰギャップと財政政策の効果

ＧＤＰギャップとは何だろう。むしろＧＤＰとは何なのだろう。

ある国で一定期間、例えば1年間に新たに生み出される付加価値の総額がＧＤＰである。ある企業が１００万円の原材料や水道光熱費を費やして３００万円分のパンを製造したとしよう。この企業によって生み出された付加価値は２００（＝３００－１００）万円である。生み出された付加価値、ここでの２００万円は従業員の給料や経営者・オーナーの収入となる。

付加価値が誰かの所得であることから、その集計値であるＧＤＰは総所得でもある。間接税や海外所得、国籍といった細部を除くとＧＤＰは国民の所得の総額と等しい。では、現実のＧＤＰの水準を決めるものは何なのだろうか。

セイの法則と有効需要の原理

同じ原材料から生み出される付加価値、例えば小麦１００万円がどの程度の価値のあるパンになるかを決めるのは焼成に用いられる機械の性能であり、従業員の人数であり、職人の腕であろう。これらを抽象化すると、資本・労働・生産性となる。我々の所得の源泉である付加価値は資本・労働・生産性によって創られる。この関係を生産関数、正確には付加価値生産関数と呼ぶ。

GDPはどのように決定されるのか。国内に存在するインフラや企業の生産設備といった資本の存在量、国内の労働者の数、現在の技術水準から各国が生産可能な最大の付加価値量が決定される。この最大生産量が現実のGDPを決定すると考える供給主導の経済理論は、主唱者であるセイ（Jean-Baptiste Say, 1767〜1832）の名を冠して、セイの法則と呼ばれる。十分な供給能力があるならば、それをフルに活用できるように——例えば、売れ残りが生じるならば値下げ、労働力が不足するならば賃上げが行われることを通じて供給能力と等しい需要が生まれると考えるわけだ。

一方、個別企業の販売戦略としては「生産できる最大量を生産し、それを売り切ることができるまで値下げを行う」といった行動は現実的ではない。生産活動は需要にあわせて——例えば予想される売り上げに見合った量を生産し、その生産量にあわせて従業員の人数などを決める。このような需要主導の生産決定から経済全体での活動水準を理解する論理を有効需要の原理と呼ぶ。セイの法則以前から指摘されていた論点であるが、それを現代にもつながる形に定式化し、「有効需要」と名付けたのはケインズ（John M. Keynes, 1883〜1946）である。

セイの法則の今日的解釈

このように説明すると、セイの法則が非現実的で有効需要の原理が正しいように感じられるかもしれない。しかし、その後の経済理論におけるセイの法則はもう少し洗練されている。これをストック（過去の蓄積）がフロー（現在の活動）を決定するという流れに沿って説明しよう。

インフラや生産設備といった資本の量は過去の投資活動によってすでに決定されている。生産技術についても同様である。したがって、現在の資本・生産性を現在時点で変更することはできない。ここから、何人の労働力を投入すればどれだけの生産活動を行うことができるか——その年の労働量と生産量の関係が決まる。なお、これらの生産活動に関する想定は近年の生産関数推計の動向から考えるとかなり古典的な設定である。現代の実証分析では、企業が変化させられる生産性とそうではない純粋に外生的な生産性を分けて推計が行われる。

企業側は「追加で1人雇うことで増加する付加価値生産量」分の賃金をオファーするであろう。「追加で1人雇うことで増加する付加価値生産量」は労働の限界生産性と呼ばれ、雇

1—4　労働需要曲線と労働供給曲線図

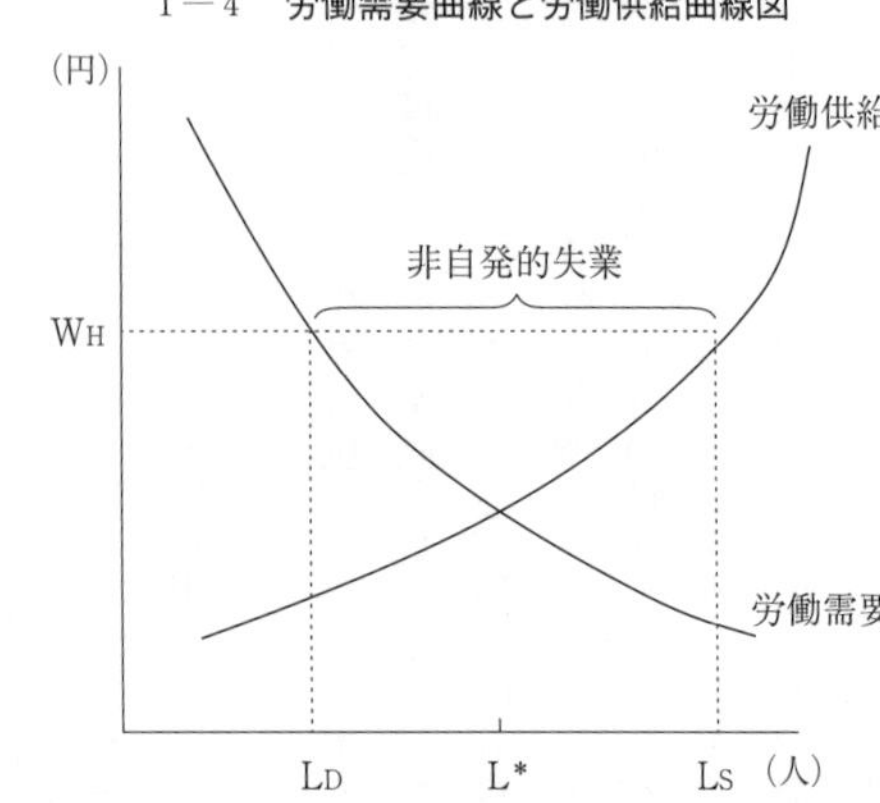

用量が多くなるにしたがって低下していく。1台のミシンに3人も4人も担当者をつけても生産はたいして増加しないだろう。ここから雇用量が増大するにつれて、企業側が追加で1人を雇うために支払ってもよいと考える賃金は低下していく。また、同じことの裏表ではあるが、賃金が下がるにつれて企業側はより多くの労働者を雇おうと考えるだろう。ここから右下がりの労働需要曲線が描かれる（1—4）。

一方で労働者側は働くことで得られる賃金とそれによって失うもの（自由時間や身体的余裕など）を比較して働くか否か、週何時間働くかを決定する。賃金が高い方が、働きたいと思う人は増えるであろうし、より多くの時間働こうとする。ここから労働供給曲線は右上がりの形状をとる。

労働市場で需要（企業が雇いたい人数）よりも供給（働きたい人の数）が大きい場合には賃金は低下していく。これは買い手が少なく、売り手が多い商品の価格が低下していくのと同じ論理だ。同様に、供給よりも需要が大きいならば労働市場における価格である賃金は上昇する。このような賃金調整を通じて、労働市場における需給は一致する。

誤解を招きやすい表現であるが、一般的に労働市場における需給が一致している状況を完全雇用という。全員が働いているわけではない点に注意されたい。労働の需給が均衡する際の賃金でも働きたくないと考えている者はいつでも存在するだろう。彼らは自発的失業者と呼ばれる。

均衡での賃金・雇用量は、労働市場での需要曲線と供給曲線から決定される。労働需要が資本と生産技術から、労働供給は人々の主観的な好みから決まっている。このような既決の基礎条件から経済全体での雇用量（1―4中のL*）が決定される。生産関数の構成要素である資本・技術・労働がすべて決定されたため、付加価値の生産量、つまりはGDPも定まることになる。

労働市場が需給曲線の均衡点で定まるならば、経済全体の総需要は供給側から受動的に決定される。マクロ経済における需要――総需要は消費需要・投資需要・政府需要・海外需要に大別できる。資本・技術・労働などの供給側の条件からGDPの水準、つまりは、利用可能な財・サービスの量が決まる。そして生産されたGDPを消費するか、投資するか、政府が使うか、海外に販売するかはその時々の家計・企業・政府の意思決定によって振り分けられる。これが供給は自らの需要を創造するというセイの法則の現代の教科書における表現である。

価格硬直性と有効需要

一方の有効需要はどのように正当化されるのだろう。ここでも教科書的な賃金の硬直性に注目した解釈を説明しておこう。

資本・生産性や家計の好みが既決であり、それにしたがって企業と家計の労働需要・労働供給（曲線）が定まる点はここまでの説明と同じだ。異なるのは価格調整である。労働市場の価格である賃金は、他の財・サービスに比べてそう頻繁には変化しない。契約期間の途中で賃金を変更することは法的なハードルが高い。またひとたび決定した俸給表の改変には労使間の交渉が必要である。そのため、賃金が変化して労働需要と労働供給が一致するための調整は困難と考えられる。

さらに、企業側には賃金を均衡水準より高く維持するインセンティブがある。仮に労働市場の需給が一致している――つまりは均衡賃金で働く意思があるなら、必ず職を得られる状況にあったとしよう。いつクビになってもすぐに次の職が得られる状況で労働者はまじめに仕事をするだろうか。また、他社よりもやや高い水準の給与を得ていることの満足感は、企業への帰属意識や忠誠を高め、営業成績を向上させることもある。賃金を高めに設定することと生産性を向上させるとの発想は効率賃金仮説と呼ばれる。

均衡水準よりも賃金が高い（1―4中のW_H）とき働きたい人は多い（L_S）。一方で、雇いたい企業は少なくなる（L_D）。このとき労働市場で$L_S - L_D$分の供給超過（＝需要不足）が発生している。そのときの賃金で働きたいと希望していても職を得られないことを非自発的失業と呼び、非自発的失業が存在する状態を不完全雇用と呼ぶ。

このとき、雇用量は企業側の労働需要によって決まる。何らかの理由で労働需要曲線が右に移動すると、雇用量が増加することを確認されたい。財政支出による財・サービスへの需要増、低金利による投資需要の増加、資産価格の上昇による消費・投資の刺激、海外需要の増加などの理由で労働需要は増加する。需要が雇用量を決定し、雇用量が生産量――ひいてはGDP、所得を決定することになる。

なお、賃金に硬直性があるために労働市場で完全雇用が達成されないとのアイデアは、ケインズのオリジナルからは大きく隔たっている。ケインズ自身は雇う側の企業と労働者、貯蓄する家計と投資する企業ごとに「みている価格」が異なることを重視している。[18] 企業はセイの法則の説明と同様に労働の限界生産性にしたがって労働需要を決定する。一方で、働く側は体力や余暇時間と賃金を比較して働くか否かを決めている――とは限らない。労働者がみている労働の「価格」は賃金そのものではなく、知人との相対的な賃金、または同業他社と比較した賃金のランキング順位のこともあろう。また、文化的な理由から定まる正当な賃金（Fair Wage）かもしれない。例えば、鎌倉期から戦国初期にいたるまで当時の専門職である大工の賃金は1日100文であったという。[19]現代においても、需給とは関係なしに専門知識や資格を要する職業は他より高い賃金である「べき」だといった社会的合意が観察される。

労働市場に限らず、需要側と供給側で「みている価格が異なる」ことはケインズの議論にとって重要な役割を果たしている。貯蓄・投資におけるすれ違いの現代的モデル化は第二章3節で紹介する。かつての主流派経済学は金銭や消費といった客観的な要素以外の、ある意味で心理的な要因に基づく行動を軽視するきらいがあった。しかし、行動経済学の興隆によってこれらの一見非合理的にもみえる行動についても理解が進むのではないだろうか。

もっとも、労働市場での不完全雇用の存在が賃金の硬直性にあるのか、価格をめぐる需給の動機がすれ違っていることによるのかはここでは重要な論点ではない。なんらかの理由で完全雇用が達成されていないならば、本章での議論はおおむね適用可能である。

ショートサイド原則と財政負担

一国経済における最大の生産量、いわば供給能力は資本・労働・生産性から決定される。

このときのＧＤＰは完全雇用ＧＤＰ、または潜在ＧＤＰと呼ばれる。スムーズな価格変化、なかでも賃金の調整が十分に行われるなら、経済はいつでも潜在ＧＤＰを達成することとなろう。素朴なセイの法則の世界の成立である。

一方で、価格や賃金がスムーズに変化しない世界、価格や賃金に硬直性・粘着性がある場合にも潜在ＧＤＰが達成されることがある。総需要の水準が十分に高い、または供給能力が低いなどの理由によって完全雇用状態にあるときには、現実のＧＤＰは潜在ＧＤＰに等しくなる。このときも総供給が決定された後に総需要の内訳――ＧＤＰのうち消費・投資・政府支出に用いられる財・サービスの割合が決定されることになる。

マクロの経済状況を決定する論理として、セイの法則と有効需要の原理のいずれが妥当であるかは、供給能力と総需要の大小関係から決まっている。生産能力よりも総需要が大きい状況では総需要の量が、そうではない場合には生産能力が現実のＧＤＰを決定する。生産能力と総需要のうち、不足している方が経済を決定する。これをマクロ経済学のショートサイド原則と呼んでおこう。

新正統派の公債負担論において、公債発行に負担が発生するのは、政府支出によって民間が利用することができる財・サービスの量が減少してしまうためであった。その一方で、政府支出による需要の増大が生産そのものを増加させる場合には、公債発行はフリーランチの色彩を帯びる。また、公債発行によって将来の生産能力を向上させる投資が行われなくなる、公債という資産の存在によって実物資産がクラウディング・アウトされてしまうとの議論においても、投資需要が旺盛で貯蓄の奪い合いが起きていることが前提とされていた。民間の投資が停滞していて総需要水準が低い場合もこのようなクラウディング・アウトは小さい。つまり、有効需要の原理による現実経済への影響が強い環境では、公債発行による財政支出の負担は小さいとまとめることができる。

乗数効果と好不況

政府支出がGDPを増大させる経路として言及されることの多い論理が乗数効果だ。生産能力に余裕がある状況で政府支出が行われると、政府支出分GDPが増加する。GDPは基本的に誰かの所得である。所得の増加は消費を増加させる。消費需要の増加はGDPを増加させる。この所得増加によって消費が刺激されて、当初の政府支出増加よりも大きなGDPの増加が生じるというのが乗数効果の概略だ。

政府支出や公債発行がどれだけ民間に影響を与えたかを検証するには、乗数（政府支出乗数）を計測する必要がある。政府支出1によってGDPが2増加したならば乗数は2となる。乗数が1を超えていれば、財政政策には一定の有効性があるということができる。

実証分析には理論的な定義だけではなく、統計・実務上の定義が求められる。ＧＤＰは国民経済計算における国民所得勘定に記載される。ＧＤＰを作成する際の会計ルールでは政府支出は、それが何に使われようと、１億円の支出には１億円の価値があると仮定して集計が行われている。[20] これは政府支出、例えば橋や道路、公的な医療の提供の価値を市場で測定できないことに由来する便宜的な取り扱いである。

財政支出が支出額以上のＧＤＰの増大をもたらした、つまりは乗数が１以上であったとしよう。このとき、理由はさておき、財政支出の増加と同時に消費・投資といった民間の経済活動水準も増大していたことになる。これは同時点の経済が需要不足にあったことを示唆する。このような環境で行われた公債発行による財政支出は、支出時点または将来への負担が小さい、つまりは妥当な財政支出であったということになる。一方で、財政乗数が１を下回るならば、財政支出の裏側で民間消費・投資の減少が生じていたことを示す。経済は供給能力に制約されており、このような状況での財政支出はＧＤＰの引き上げ効果が小さいだけでなく、支出時点または、将来の国民負担となる。

乗数はどのようなときに１を超え、どのようなときに１を下回るのだろう。この問題については、オーエルバッハ（Alan Auerbach）らの研究が参照されることが多い。[21] 同論文では統計的な手法によって好況と不況の期間を分けてそれぞれの時期の乗数を算出すると、好況期に分類される期間では乗数は1を下回り、不況期に分類される期間では1を上回るとの結果を得ている。理論モデルを用いたシミュレーションなどでも類似の結果が得られる傾向がある。これらの結論には異論もあるが、不況期に財政乗数が相対的に大きくなると想定するとの主張に大過はないだろう。

消費や投資が停滞している時期を不況、消費・投資需要が旺盛な時期を好況と呼ぶのだから、それぞれが需要不足期・供給不足期にあたることも当然のことと思われるかもしれない。すると、次なる課題は「過去のある時点で乗数が1以上だったか、1未満だったか」ではなく、「現時点で財政支出を行うと乗数はいくつになるのか」である。この課題に応えるためにはGDPギャップ・需給ギャップの理論的な意味と実務・統計上の定義を知る必要がある。

GDPギャップの理論と実際

GDPギャップの概念的な説明はそう難しいものではない。ここまで繰り返し登場した供給能力、または潜在GDPに対して現実のGDPが何%小さいかを示す数値がGDPギャップである。一方で、現時点でGDPギャップがどれだけ存在するのかを計測するのは容易なことではない。

1—5　GDPギャップの推移

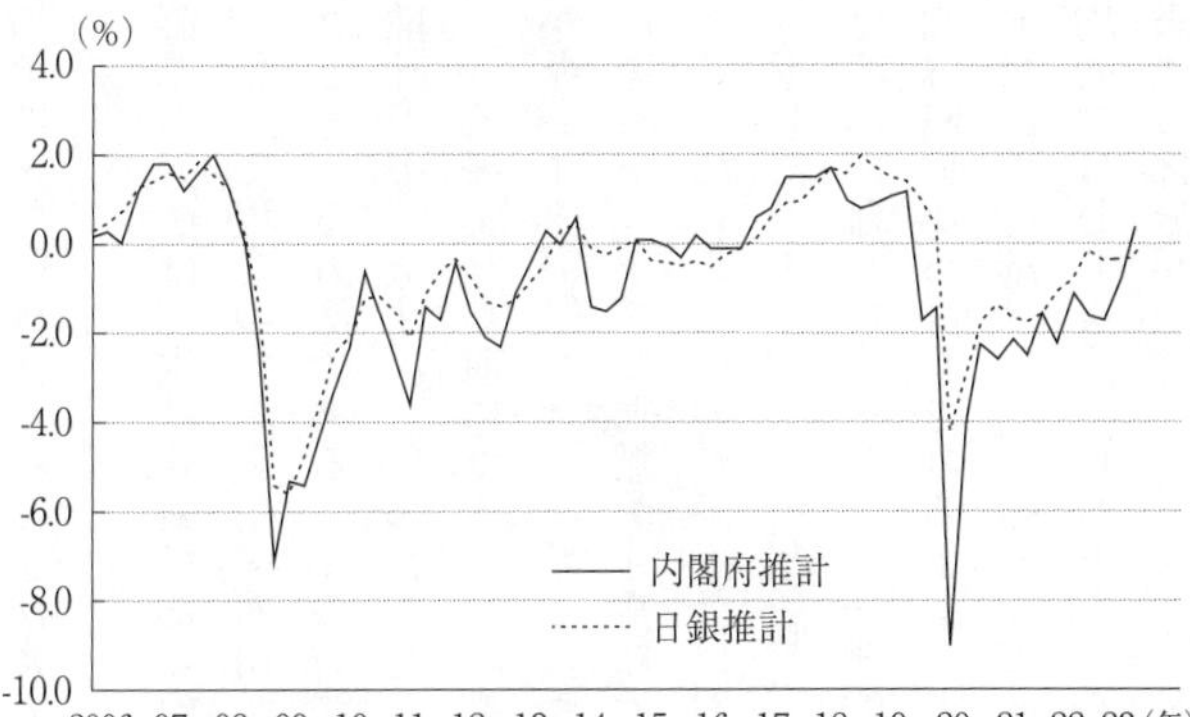

出典：内閣府「GDPギャップと潜在成長率」、日本銀行「需給ギャップと潜在成長率」2023年7月

まずは少し理論的な定義からはじめよう。ここまで説明してきたように、経済の生産能力は公共インフラや企業の生産設備といった資本、労働者の人数と労働意思、これらを組み合わせる生産性（技術や効率）から決定される。これらを計測するのが生産関数推計である。しかし、仮に生産関数について正確な推計が得られたとしても[22]、均衡状態で何人の労働者が何時間働くのかを推計することは難しい。

報道などでみかけるGDPギャップは、便宜上ふたつの簡便的な手法によって算出されている。第一の方法は、その限界を承知のうえで古典的な生産関数推計の手法で潜在GDPを推計し、潜在GDPと現実のGDPの差をGDPギャップとする方法である。日本では内閣府推計がこの手法を用いている[23]。また海外でも多くの政府機関・国際機関がこの手法に基づいてギャップを推計しているため国際比較にも向いている。

第二の方法は、生産要素である資本と労働のギャップ——設備の１００％稼働や完全雇用にくらべて現在の資本利用や雇用がどれだけ少ないかを計算し、その加重平均をＧＤＰギャップと考える方法である。この方法では潜在ＧＤＰの推計そのものを行わないため、生産関数推計の不完全性にとらわれる度合いが小さい。また、ＧＤＰの値自体を用いないため、ＧＤＰの公表よりも前にギャップの推計を行うことができる利点があるともいわれる。[24] 日本銀行が発表する需給ギャップがこの手法を用いている。コロナショック期には、両手法で推計した需給ギャップの乖離が非常に大きくなっていた（１―５）。

ここで注意したいのが両推計における潜在ＧＤＰ、資本・労働の完全利用の性格である。繰り返しになるが、「完全雇用時の雇用量」「資本（生産設備）のフル稼働状態」を推計するのは極めて難しい。そこで、一般的な推計では過去の平均的な雇用量、過去の平均的な生産設備稼働率から計算されるトレンドを「完全利用時の労働・設備利用状態」とみなす。トレンド算出の詳細は専門の論文を参照されたいが、簡単化すると——過去の実績から予想した平均的なＧＤＰを潜在ＧＤＰととらえている。両推計の違いはトレンドの計算方法の違いに由来する部分が大きい。

図のGDPギャップをみてギャップがプラス――現実のGDP等が潜在水準を上回る状態になっていることを奇異に感じた方もあろう。潜在GDPが経済の供給能力の天井をあらわしているのならば、実際のGDPがそれを上回り続けるはずがないからだ。これは推計上のGDPギャップが供給能力（の上限）ではないことによって生じている。内閣府によるGDPギャップ、日本銀行による需給ギャップは理論上のギャップとは似て非なるものだ。これらのギャップが0またはプラスになったとしても、供給能力不足で財政政策の効果が期待できないとまではいえない。ちなみに、米国のように供給能力との比較によってギャップを表記する国も多いため国際比較時には注意が必要である。

ただし、これをもって内閣府・日本銀行の推計が無意味であると考えるのもまた空虚な論評である。これらの推計値は政策運営のうえで重要な役割を担っている。正確ではない数値も、その癖や性質を踏まえたうえで利用するならば、大きな力を発揮する。5分遅れの時計も、それが5分遅れていると知ったうえで利用するならば時間を把握する適切な方法となるのと同じだ。また、ランダムに遅れたり進んだりする時計も複数あればおおよその時間を知る方法として役立てることができる。

近年のGDPギャップの推移をみると、内閣府推計がプラス1%を、日本銀行推計が2%前後になったのが2017年後半から2018年前半頃であることがわかる。確かに、同時期には株価や地価などの資産価格は堅調であり、失業率も低かった。ただしこの時期を明確な供給能力不足・需要過剰と言い切ることはできない。国内で生産される付加価値の価格（GDPデフレーター）は同期間から2019年にかけて0・6％ほど上昇したにすぎず、需要過剰によるインフレ率の昂進は観察されなかった。ここから、内閣府推計でプラス1％程度、日銀推計でプラス2％以下のギャップであればまだ経済に需要不足状況が存在している可能性は高い。

その一方で、過去のトレンドを延長することで現在の潜在GDP等を計測しているため、コロナ禍や戦争といった緊急時の供給能力低下を反映することができない点にも注意が必要だ。国際的なサプライチェーンが毀損したことによって現時点での理論的な意味での潜在GDPは一時的に低下しているかもしれない。この場合には、ギャップとあわせて現在の国内経済活動に関する価格動向などをあわせて足元の経済状況を推しはかる必要がある。輸入品価格の上昇によって見逃しがちであるが、国内の経済活動についての価格であるGDPデフレーターは2022年平均でプラス0・2％と停滞、2023年に入っても大幅な上昇は発生していない。

公債を財源とする財政政策の効果とその負担は、GDPギャップの状況に左右される。いつでも財政政策の拡大を主張する論者、いつでもその有効性を否定する議論はともに問題を正しく把握していない。ある時点における財政政策の是非を問うためには、現在の日本の国内産業において需要不足による生産の停滞と供給不足による制約がどの程度発生しているのかを多様な統計から把握していく必要がある。2023年半ば現在、内閣府・日銀のGDPギャップは0前後で推移しているとなっている。国際的な資源価格高騰によるコストプッシュの物価上昇は続いているが、国内生産活動へのディマンド・プル型の物価上昇圧力は目立たない。ここから現時点では財政拡大の余地は残っていると考えられる。

一方で、コロナ禍や国際的な半導体不足といった現下のショックの影響は産業間で大きく異なっている。供給能力不足の産業があるなかで総需要を拡大したときにはどのような影響が生じるのか。この問題を考えるためには高圧経済論に関する議論が求められる。

無限の財政拡大が不可能である以上、財政支出の対象は長期的な生産性への影響の観点から選択されなければならない（第四章）。これからの日本経済に求められる財政・金融政策を理解するためには財政・金融それぞれを独立に理解するだけでは不足である。本章で論じてきた財政支出の効果は金融政策スタンスやストックとしての債務残高の多寡によって変化する。この問題を考えるためには金融政策の理解（第二章）や政府債務に関する財政・金融を統合した思考（第三章）が求められる。

第二章　金融政策の可能性と不可能性

前章では財政政策をめぐる論点整理から、財政政策の有効性やその財源をめぐる問題は需給ギャップの存在に大きく左右されることが示された。現実の生産活動水準が供給能力を下回る経済では財政支出の効果は大きく、公債発行による現在・将来の負担も小さい。逆もまた真である。総需要の過不足に対処する政策のひとつが、裁量的な政府支出や増減税といった財政政策の役割である。

もっとも、総需要に影響を与えるマクロ経済政策は財政政策だけではない。もうひとつの総需要政策の手段が金融政策である。金融政策は何を目標に行われ、その有効性を決める要件は何なのだろう。

なお、一般的に金融政策には、貨幣量や利子率の調整を通じて需要を変化させるマネタリー・ポリシーと、金融業安定のための規制・監督といったプルーデンス政策との両方が含まれる。日本銀行法（日銀法）においても第一条と同2項において「通貨及び金融の調節（マネタリー・ポリシー）」と「資金決済の円滑の確保（プルーデンス政策）」が日本銀行の目的であることが明記されている。両者を完全に切り分けることはできないが、「まえがき」でも言及したように、本書での「金融政策」は基本的にマネタリー・ポリシーを指すものとして読み進めていただきたい。

なお、本章では日本の制度・呼称を用いて説明を進めている部分が多い。記述を簡易にするための方便であるが、主要先進国の間では金融政策の制度に大差はなく、本章の内容の多くは日本以外の主要先進国の金融政策についてもあてはまる。

1 金融政策の論理

マネタリー・ポリシーとしての金融政策は、安定的な物価と経済成長を目指して行われる。これに対応した条文が、日銀法第二条「日本銀行は、通貨及び金融の調節を行うに当たっては、物価の安定を図ることを通じて国民経済の健全な発展に資することをもって、その理念とする」である。

マネタリー・ポリシーと物価

貨幣量と物価は密接に関連している。物価の上昇、つまりはインフレが発生すると1万円で購入できるものが減る。インフレとは貨幣価値の低下である。反対にデフレが続くと1万円で買えるものが増える。つまりは貨幣価値が上昇するというわけだ。物価とは貨幣価値の

2―1　米国コロナ期のマネーサプライと消費者物価

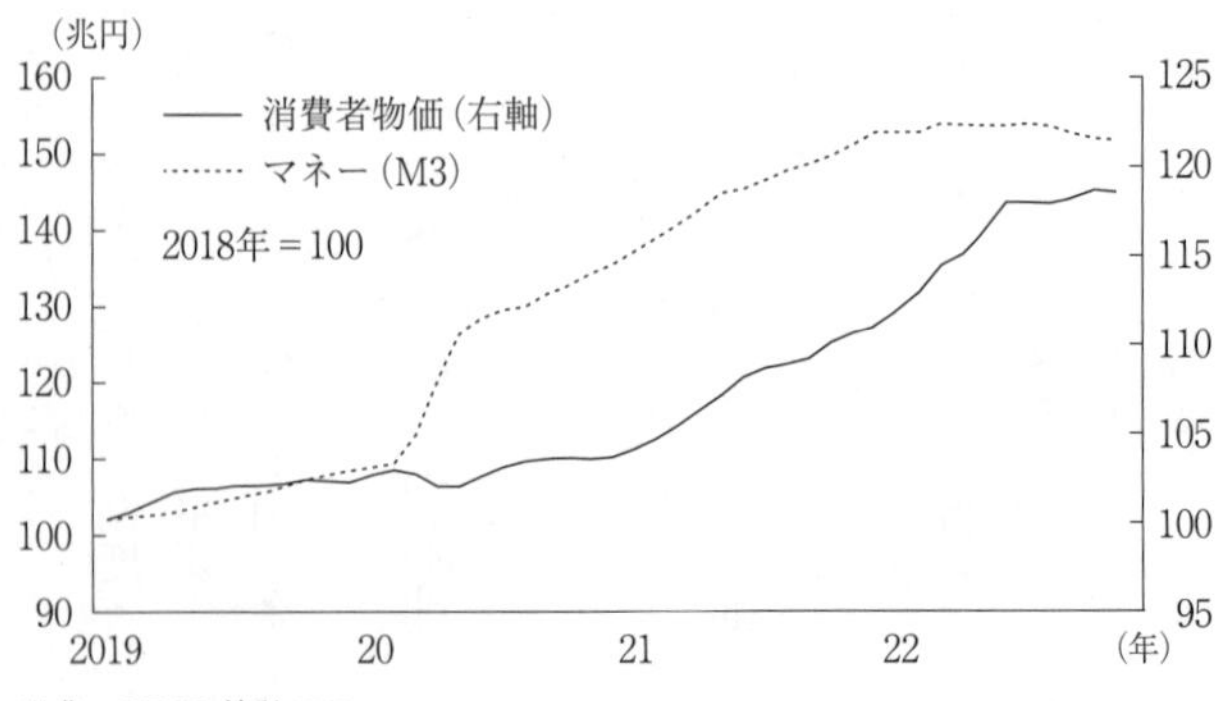

出典：OECD 統計2023

逆数である。

貨幣の価値と貨幣量は無関係ではいられない。通常の財や資産と同様に、貨幣が多ければ貨幣価値は小さくなり、物価は高くなる。貨幣が少なければ貨幣価値は大きくなり、物価は低くなる。もちろん、両者は一対一に対応するものではないし、貨幣量が物価を決めるという因果関係が存在するかには疑問が残る。ここに金融政策を考える難しさがある。ただし、コロナ期の貨幣量・物価関係に典型的にみられたように、ある程度のラグをもって両者は高く相関していることも無視できない事実である（2―1）。

物価動向は経済成長・雇用にも強く影響する。デフレが日本経済に大きな影を落としてきたことも記憶に新しいところである。また、高率のインフレやハイパーインフレーションが一国経済に深刻なダメージを与えることは想像に難くない。その一方で、マイルドなインフレは雇用や経済活動を刺激する効果がある。このような金融政策と実物経済の関係が本章のテーマである。

貨幣（マネー）とは何か

金融政策を考えるにあたって、まずは貨幣・マネーの定義を明確にしておこう。教科書では、（1）交換決済手段であり、（2）価値の保蔵手段であり、（3）価値尺度の機能を果たすものを貨幣とする。売買において支払いの手段となり、資産として保存が利き、商品・サービス・資産の価値を表示する単位になっているものを貨幣と考えるわけだ。

伝統的な説明ではあるが、この定義には若干の疑問が残る。そもそも保存の利かない（価値保蔵機能を欠く）ものが交換の決済手段になることは、一時的な偶然を除いては、不可能だ。そして、交換ツールの単位がそのまま価値表示に用いられるのは自然であろう。貨幣にとって本質的な性質は、（1）の交換決済機能だけではないだろうか。他のふたつは交換決済機能をもつための必要条件、または結果にすぎない。

支払い手段であることが貨幣にとって、事実上唯一の、本質的な特徴であることを踏まえると、「貨幣」と「貨幣的なもの」、「貨幣に近い資産」といった濃淡をもって貨幣とその量をとらえることができる。

統計上の貨幣の定義もまたこのようなグラデーションを反映している。統計上の貨幣の量は、現在の日本銀行による公式な用語ではマネーストック（集計貨幣量）と呼ばれる。[25]「一般法人、個人、地方公共団体などの通貨保有主体が保有する現金通貨や預金通貨などの通貨量の残高」がマネーストックである。ここに日本銀行や中央政府、金融機関の保有分が含まれていないことに注意いただきたい。一定年齢以上の読者であれば、２００８年までの呼称であったマネーサプライ（貨幣供給量）の方がなじみ深いだろう。両者は同じものを指すと考えておいて大過ない。類書にならい、本書でも以降は貨幣量をマネーサプライと記す。

マネーサプライのなかで最も基礎的なものがＭ１（エムワン）である。現金と預金を取り扱うすべての金融機関での要求払い預金（主に普通・当座預金）残高の和をＭ１と呼ぶ。現金が貨幣であることは説明の必要がないだろう。また普通預金・当座預金は公共料金の引き落としや小切手・カード払いの決済に用いることができることから、明らかに支払い手段であり貨幣であるといってよい。２０２３年７月末時点で市中の現金は１１６兆円、普通・当座預金等の残高が９５５兆円となっている。これらの合計１０７１兆円が国内における狭義のマネーサプライ（Ｍ１）である（２―２）。

Ｍ１に定期預金、外貨預金、ＣＤ（譲渡性預金）の残高を加えたものはＭ３（エムスリー）と呼ばれる。これらの預金は、多少の金利や手数料を犠牲にすれば、すぐに普通預金に転換できることか

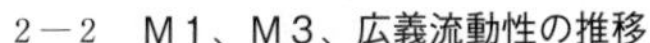
2－2　M1、M3、広義流動性の推移

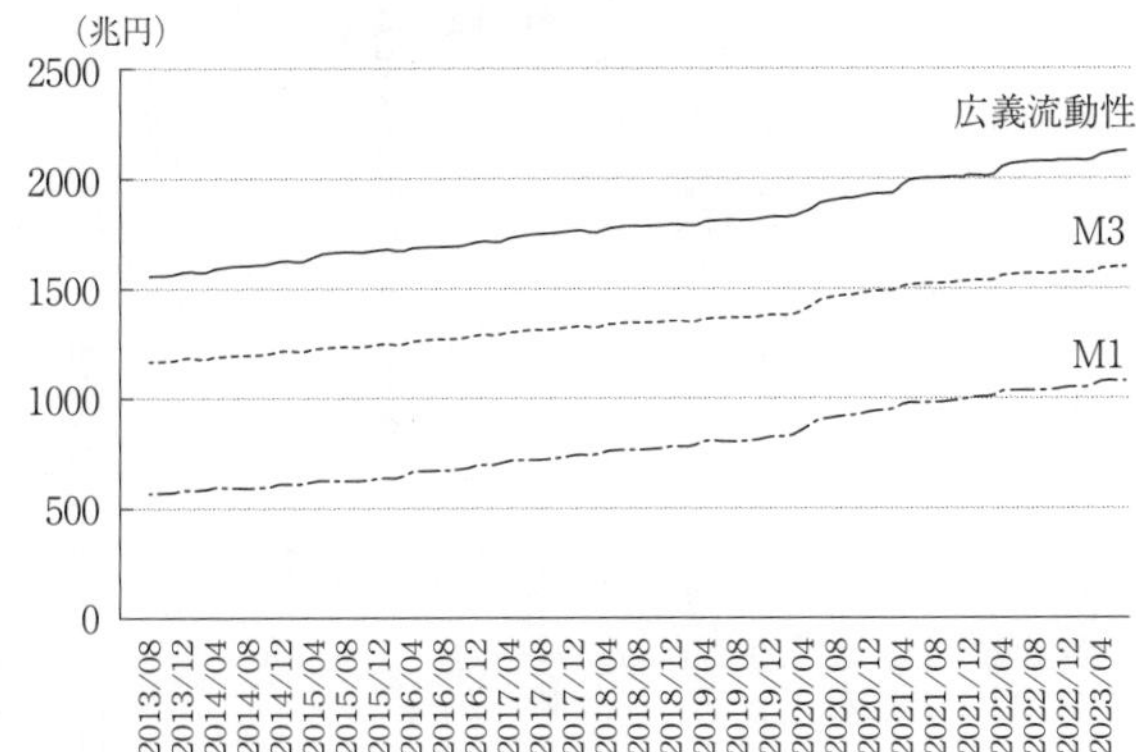

出典：日本銀行「マネーストック統計」2023年８月

ら「ほぼ貨幣」といってよい。２０２３年７月末のM３は１５９５兆円となっている。なお、かつて重視されたM２（エムツー）はゆうちょ銀行や海外銀行の国内支店を含まないマネーの残高である。

日本銀行が発表するマネーストック統計にはもうひとつの重要なデータが記載されている。それが広義流動性である。定期預金・外貨預金はその気になればすぐに支払い手段に転換できるので「ほぼ貨幣」であると説明した。すると、同様に現金化・普通預金化が容易な日本国債も「貨幣的な存在」と考えることもできる。ここから、投資信託や銀行発行の金融債、国債など売却による現預金化が容易な金融資産を含めた最広義のマネーが広義流動性であり、その２０２３年７月末の広義流動性残高は２１２１兆円である。

２―２のように、主要なマネー指標の推移に大きな差はない。国債は厳密には貨幣ではない。国債そのもので買い物をすることはできないからだ。しかし、狭義のマネーと国債を加えた広義のマネーの動きが類似していることは両者の共通性を示唆しているといえる。なかでもゼロ金利状態での国債と現金の違いは第三章の大きなテーマとなる。

貸出が貨幣を創造する

取引の支払いに用いるという点から、貨幣・マネーは現金と預金の和となる。現金の量は政府・中央銀行が発行した紙幣や硬貨の量そのものであり、世に出回る量がいくらになるかは政府によって決定される。一方で預金はどうだろう？ 私たちの預金量を政府・中央銀行が直接的に決定することはできない。

結論を先取りすると、一国内の預金量は金融機関の貸出行動（＝金融機関以外の借入行動）によって決定される。理解を深めるために、ごく基本的な信用創造の理論を説明しておこう。なお以下では金融機関を「銀行」と記しているが、信用金庫や労働金庫、信用事業を行う協同組合などを含むものとして理解いただきたい。

ある銀行がA社に1億円の融資を実行する状況を想定しよう。このとき、融資実行と同時にA社の口座には1億円が振り込まれる。このとき、1億円の預金マネーが預金通帳の上に生まれている。もちろん、自分の口座に眠らせておくために借金をする企業はない。支払いの必要性があるから借入を行うのだ。A社は――例えば原材料の購入代金等としてB社の口座に借り入れた1億円を振り込む。しかし、この振込においてはマネーの増減は生じない。A社の預金残高というマネーが1億円減少し、B社の預金残高というマネーが1億円増えるだけである。

銀行の貸出行動が預金マネーを生む。しかし、融資による貨幣の創造には制約がある。銀行にとって預金は負債であり、預金者からの要求があればいつでも引き出しに応じなければならない。そのため、預金の一部は引き出しに対応するために手元に置いておく必要がある。銀行のこのような資金を準備預金（または準備）という。

このように説明すると、銀行がATMでの引き出しに備えて金庫に現金を入れておくといったイメージを抱くかもしれない。確かに、現金引き出しに対応するための準備も皆無ではない。しかし、現実の引き出し要求の多くは口座間の振込・振替依頼である。異なる国内銀行間の送金は各銀行の日本銀行当座預金口座を通じて行われる。日銀が「銀行の銀行」と呼ばれる所以（ゆえん）のひとつである。

各銀行は他行への支払いのための準備として日銀当座預金残高を保有する。そして、各銀行は日銀当座預金（正確には日銀当座預金または準備預かり金）に法定準備率×預金残高以上の残高を維持することを義務づけられている。法定準備率と預金から決まる義務的な準備保有を所要準備、その規模を所要準備額という。

融資によるマネーの拡大は準備預金制度によって制約される。ある銀行が活発に貸出を行ったとしよう。融資を受けた企業は支払いのために他行への振り込みを行う。この支払いを通じて、貸出を行った銀行の日銀当座預金残高は減少する。日銀当座預金残高が所要準備額を下回る場合には、他行から借り入れるなどの方法で所要準備額を満たすことを義務づけられている。

かつては準備不足に陥った銀行は日銀から借り入れることで所要準備を満たしていた。その際の金利が公定歩合である。しかし、1990年前後に金融の自由化が進み、銀行間の短期金融市場が整備されると基本的には他の銀行からの借入によって所要準備を達成するようになる。その際の銀行間の短期貸借市場をインターバンク市場、またはコール市場と呼ぶ。コール市場での金利がコールレートである。返済期限一年以内の金利を短期金利と呼ぶが、なかでも無担保オーバーナイト（借りた日の翌日に返済する際の金利）が日本の代表的な短期金利指標である。

積極的な貸出は所要準備不足の可能性を高める。もし、規定の期日に準備不足となった際には通常よりも高い金利を払ってコール市場で資金をとるというペナルティを負わなければならない。ここから、貸出を通じた貨幣の拡張には一定の足かせがはめられていることがわかる。仮に準備預金制度がなくなったとしても、市中銀行は預金引き出しへの対応として準備預金を保有する必要があるため、貸出による貨幣の膨張は無限に行われるわけではない。

伝統的金融政策の手段

貨幣は融資・貸出を通じて増大する。それを制約するのが準備預金制度である。そして、所要準備を満たすことができなかった際のコストが銀行間の貸借金利であるコールレートだ。日本銀行はこの関係を利用して公開市場操作（マーケット・オペレーション）と呼ばれる金融調節を行う。

銀行間の短期貸借金利であるコールレートがプラスの水準にある状況での金融政策やその手段を「伝統的金融政策」と呼ぶ。まずはこの伝統的な金融政策の技法から説明していこう。日本では2000年代よりコールレートは0前後の低水準で推移しているため、コールレートそのもののコントロールによって金融政策を行うことは難しい状態が続いている。コールレートの調節以外の政策手法は「非伝統的金融政策」と呼びならわされるが、その理解にも伝統的金融政策の知識が欠かせない。非伝統的政策の実体経済への波及は伝統的金融政策のそれと基本的には変わらないためだ。

マネーサプライを増加させたいとき、日本銀行は銀行などの金融機関から資産――主に国債を買い入れる。これが買いオペレーション、略して買いオペである。日銀が銀行から購入した国債の代金は、各行の日銀当座預金口座に振り込まれる。ここで各銀行の準備預金が積まれるのが日銀当座預金口座であったことを思いだそう。国債を売却した銀行の日銀当座預金残高は増加する。その結果、準備不足のために他行から借入する必要のある銀行が減る。その一方で、所要準備以上の準備預金を保有する銀行は可能であれば他行に貸し出すことで利ざやを稼ごうとする。コール市場で借手が減少し、貸手が増加するため、貸借の金利であるコールレートは低下することになる。

貸出拡大のコストが低下したことで、各行はより積極的に貸出を行うことが可能になる。貨幣は銀行の貸出によって創造される。コールレートの引き下げは結果としてマネーサプライの増加につながる。

これとは逆にマネーサプライの増加を抑制したい、または減少させたい場合には国債等を市中銀行に売却する売りオペレーション（売オペ）が行われる。国債を購入した市中銀行の日銀当座預金残高が減少し、準備預金過多の金融機関が減り、準備預金不足の金融機関が増えることでコールレートは上昇する。積極的な融資活動のコストであるコールレートが上昇したことによって、融資・貸出の減少――つまりはマネーの減少が生じる。

内生説と外生説という擬似問題

マネーを増やす政策を金融緩和、マネーを減らす政策を金融引締という。このような教科書的な説明にはふたつの根強い批判がある。

その第一は制度的な指摘だ。各国の中央銀行は基本的にコールレートなどの短期金利を目標値にむかわせるように金融政策を行っており、マネーサプライそのものを目標にはしていない。実務上はその通りである。しかし、基本的にはコールレートを低く抑えればマネーの伸びは増大するし、引き上げればマネーサプライは頭打ち、または縮小する。両者は独立した存在ではない。したがって、金融政策が金利を決めているのかマネーサプライを決めているのかを現象面から区別することはできないし、する必要もない。

入門的な教科書では日銀がマネーサプライを決定すると説明されるが、これは日銀がマネーサプライを目標に金融政策を行っている、または、行うべきであるという主張ではない。説明を平易にするための方便である。現代の主流派であるニュー・ケインジアン型の経済モデル[26]では政府・日銀は利子率をコントロールすると仮定した理論化が行われているが、これも数学的取り扱いが容易であることに由来する部分が大きい。

一方で、ここまで説明してきたような中央銀行がマネーサプライをコントロールできることを前提とした政策論そのものが批判されることもある。マネーサプライは銀行の貸出によって決まるものであって、政策的に決めることはできないとの主張である。このような主張は貨幣内生説と呼ばれる。

内生説の主張者は、中央銀行が貨幣量をコントロールできると想定したモデルを外生説と呼んで批判する。内生説の主張者は自身を水平主義者（Horizontalists）、外生説に依拠する経済学者を垂直主義者（Verticalists）と呼んで区別することがある[27]が、この表現は示唆的である。

内生説では中央銀行が金利の変動が小さくなるように、極論すると金利を一定に保つように金融調節を行っていると想定する。いつも金利が一定だから水平（Horizontal）主義である。一方で、内生説に基づく論考では外生説をいかなる金利水準においてもマネーを一定に保つ、または保てるとする主張であると整理されることが多い。しかし、この整理は妥当ではない。主流派の経済モデルで、金利水準とは無関係にマネーサプライを目標値で一定に保つようにオペレーションを行う「べきだ」と主張している論考を、管見ながら、知らない。

いかなる経済状態においても金利を一定に保つならば、マネーサプライはその金利と経済状況における銀行貸出から決まってしまうため、政策的にコントロールすることはできない。一方で、いかなる経済状態においても貨幣量を一定に保とうとするなら、金利を自由な水準に固定することはできない。しかし、現実の政策ではこのような極端な金融調節は行われない。金利の安定化のために貨幣量のコントロールをあきらめることもあれば、貨幣量を増減させるために金利を変化させることもある。

犬が西をむいたから尾が東をむいたのか、尾が東をむいたから犬が西をむいたのか——哲学的な関心事にはなるかもしれないが、犬の行動を予想するうえで必要な情報ではない。金利調節の結果としてマネーサプライが変化することがあると考えてもよいし、マネーサプライの動向に影響を与えるために金利調節を行っていると考えてもかまわない。重要なのは金利とマネーサプライには密接な関連性があり、両者の関係を踏まえて金融政策が行われている点のみである。

ゼロ金利制約と金融政策

伝統的金融政策はコールレートを通じて銀行の融資行動を左右し、その結果として貨幣量を増減させる。しかし、この手法には限界がある。コールレートを一定水準以下に下げることはできないという金利の下限制約問題である。これをゼロ金利制約と呼ぶ。もっとも、2023年8月時点のコールレートはマイナス0・06％（無担保翌日物、月平均）であり、ゼロ未満の金利がありえないわけではない。ただし、これをマイナス2％、マイナス3％のようにさらに低下させることはできない。

日本銀行は1999年2月にコールレートの誘導水準を事実上の0に誘導した。[28] これをゼロ金利政策という。戦後の先進国経済における初の試みであったが、2003年にはスイスが、2008年のリーマンショック後には米国が導入するなど、後に経済停滞時の先進国経済においてはけして珍しい政策ではなくなっていく。

伝統的な金融政策で考えうる最大限の緩和状態となったことで、当時、これ以上の金融緩和の手段はないと主張されることも多かった。一方で、現時点でのコールレートの調整以外にも金融政策の手段はあり、ゼロ金利政策よりもさらに強力に金融緩和——現在、非伝統的金融政策と呼ばれる諸政策を導入する必要があるとの主張も強まる。

2000年代前半にさらなる金融政策の必要性を強調する論者の多くがインフレーション・ターゲットの設定を主張していたことから、これらの考え方はインタゲ派、のちにリフレ派と呼ばれるようになる。[29] リフレ派（Reflationist）は1930年代に米国のニューディール政策の支持者などを指す用語として用いられていたが、2000年代のネットにおける経済論壇のなかでエコノミストの岡田靖（おかだやすし）（1955～2010）らが繰り返し言及したことから、金融緩和を指向する論者の総称として用いられるようになっていった。

現在、非伝統的金融政策と呼ばれる政策、ゼロ金利以降の経済政策においては将来予想や資産価格がキーポイントとなる。２０１３年に黒田東彦日本銀行総裁（当時）が就任した際に、「期待に働きかける政策」という言い回しが多く使われたのを記憶されている方も多いだろう。経済学における期待（expectation）は予想（forecast）とほぼ同じ意味で用いられる。期待・予想に働きかける非伝統的金融政策を考えるために、まずは金融政策と実体経済の関係について説明しておこう。

2　金融政策の波及経路と非伝統的金融政策

金融政策は実体経済に影響を与えるために実施される。経済の状況はすべて実物経済の相互の関係のみによって決まっており、マネーや金融政策はその名目上の価格水準を決めるのみにすぎないと考える純粋な貨幣ヴェール説もないわけではないが、現実の経済政策を考えるためのツールとして有用とはいえない。そのインパクトの大小には議論はあれど、名目金利を含めたマネタリーな要因が実物経済に影響を与える点には専門家内でのコンセンサスがある。

では、金融政策はどのようにしてＧＤＰや雇用といった実体経済に影響を与えるのだろう。本節では、金利・資産価格・為替の三点から金融政策から総需要への波及経路を説明する。

そこから、金融政策の限界としての長期停滞論、注意すべき慢性的不況の可能性について考えてみたい。

国債利回りと長期金利

金融政策が実体経済に与える影響として最も直接的なものが投資である。コールレートが低く設定されると、銀行の融資姿勢が積極化する。銀行融資は企業の設備投資や家計の住宅購入といった投資行動の資金となる。

一方で、金利を上回る収益率が予想できないならば投資は行われない。投資資金を借入によって調達する場合はいわずもがなであろう。さらに、自己資金が潤沢にある企業であっても、国債や他社社債の利回りが十分に高いならば、設備や研究開発投資よりも金融商品の購入が選択されがちになる。これら実物投資にかかわる金利は、ここまで登場してきた銀行間の短期金利（コールレート）ではない。

例えば、回収に10年の期間を要する投資プロジェクトの資金を借入調達する場合、気になるのは10年物の貸出金利となる。また、株式などの金融商品を検討している場合にも長期の債券利回り――なかでも長期国債の利回りとの比較検討が行われる。ちなみに、円を単位とした貸借の場合、円建て債券のなかで最もリスクの低い日本国債の利回りがその他の債券利回りや貸出金利の基準となる。10年物国債の利回りにリスクを勘案した上乗せが加わって10年ローンの貸出金利が決定されるといった具合だ。

ここで「債券の利回り」そのものについて説明しておこう。

例えば、2023年1月に発行された額面100万円の普通国債を保有していると半年に1回2500円、1年で5000円の利払いを受け取ることができるとしよう。額面100万円で年5000円が得られることから、この国債の表面利率（クーポン率）は0・5%となる。しかし、債権投資において額面やクーポン率そのものはあまり重視されていない。国債の売買価格は額面とは無関係に市場の需給で決まるからだ。新規発行国債であっても購入価格は入札で決まるため、額面100万円の国債が100万円で買えるわけではない。

債券の利回りとは、一般的には、現時点の市場価格で購入して満期まで保有した際の利益率を指す。そのため、現時点の国債価格と満期までに支払われる固定額から国債の利回り（最終利回り）が計算できる。大まかには、

国債利回り　≒　今後得られる利子収入　÷　購入価格

である。今後得られる利子収入額が一定ならば、国債等の債券価格が高いときには利回り

は低く、債券価格が低いときには利回りが高くなる。

やや混乱を招く表現であるが、債券利回りを債券の「金利・利子率」と呼ぶ。例えば、国債の利回りが国債金利、国債の利率である。国債の金利とは前出のクーポン率のことではない点に注意されたい。本書でも、以降、市場関係者の通常の用語法にしたがって、国債等の債券利回りを「国債の金利」「国債の利子率」と記す。国債の利回りはその時々の国債価格とクーポン率から計算されるもので、「政府が定める国債金利」といった独立の指標が存在しているわけではない。

長期金利の代表的な決定理論が期待仮説である。極端な例であるが、今後10年にわたって確実に1年ローンの金利が1%だとわかっていたならば、10年ローンの金利も年1%になるはずだ。10年ローンの金利が1%よりも高いならば、1年ローンの借り換えを10回繰り返せばよいので10年ローンの需要はない。逆に10年ローンの金利が年あたり1%未満であれば1年ローンへの需要がなくなる。長期金利は将来の短期金利予想（期待）によって決まる。

主に国債について、満期までの期間が1年の債券、2年の債券……と満期までの期間が近い順にその利回りを並べた図をイールドカーブという。現時点でのコールレートや1年物金利が低くても、将来、短期金利が高くなると予想されているならばイールドカーブは右上がりになる。このような状況を順イールドと呼ぶ。一方で、今後短期金利が低下すると予想さ

2―3　米国のイールドカーブ（2023年8月30日）

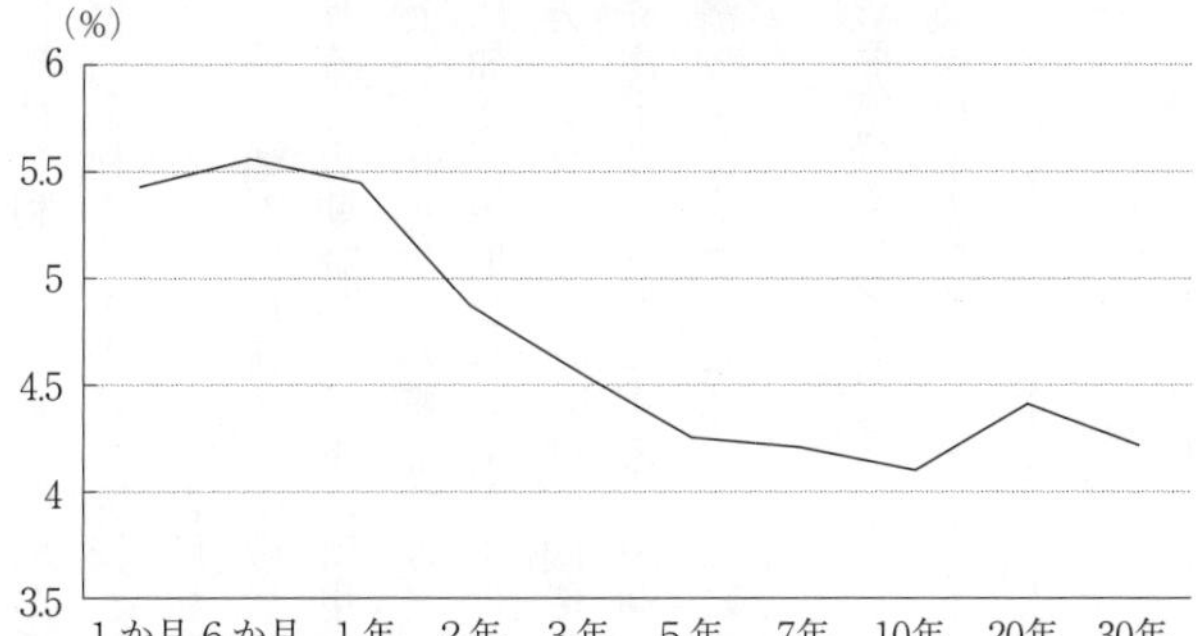

出典：Investing.com

れる場合にはイールドカーブは右下がりの逆イールドになる。

２０２３年８月時点の米国のイールドカーブは２―３のような逆イールドとなっている。これは、昨年来インフレ対応のため短期金利を引き上げてきたが、２０２３年６月以降利上げが中断される月が出てきたためだ。また、２０２２年後半には米国の物価指数は頭うちになっており、２０２３年２月にはＦＲＢのパウエル議長がディスインフレ（インフレ率の低下）にまで言及したことに注目が集まった[30]が、７月以降にはインフレ率の低下が当初予想よりも鈍いことから再度の短期金利引き上げの可能性が示唆されるなど、一進一退の状況が続いている。

その結果、しばらくの間は短期金利が高いと予想されるが、その後は低下していくとの予想が支配的となっている。金利が今後低下していくと予想される場合には短期金利よりも長期金利が低くなる長短逆転が発生する。なお、景気が悪化するときには短期金利の引き下げが選択される傾向がある。そのため、逆イールドは市場が将来の不況を予想するサインであると解釈されることも多い。

先述の通り、伝統的金融政策はコールレートなどの短期金利をコントロールすることで行われる。短期金利の低下は所用準備の不足時に、他行からの借入コストを低下させることで、銀行の貸出態度を積極化させる。貸出の裏側には投資がある。このような短期金利からの影響に加え、短期金利の引き下げが長期金利をも低下させる——例えばイールドカーブ全体が下方にシフトするならば、国債利回りと連動する貸出金利の低下を通じ、より強力に設備投資や住宅投資を促進する。短期金利の引き下げが長期金利を低下させるならば、金融政策の経済効果は大きくなる。ここに非伝統的金融政策の第一の鍵がある。

資産価格とバランスシート

債券保有から得られる収入を購入価格で割ったものが債券の利回りである。通常、利回りは年率換算で表示される。10年で22％の儲(もう)けであれば年利回りは2％（1・02の10乗＝1・22）だ。毎年または半年毎に支払われる金額が一定であれば、購入価格が高いときに利回りは低く、購入価格が低いときには利回りは高くなる。前述のように、国債利回りは国債金利と呼ばれる。そのため、国債価格が高いとは国債金利が低いこと、国債価格が低いとは国債金利が高いことと同値である。

一方で、年毎の収益が事前にはわからない株や土地などの資産の価格はどのように決まるのだろう。ここでは資産の理論価格についてごく単純化した説明を加えておこう。資産の理論価格は、本来、割引現在価値・配当のタイミング・価格上昇予想などを考慮して導出されるが、本書のメインテーマではないため割愛する。詳しくはマクロ経済学の基本的なテキストなどを参照されたい。

株の配当や土地から得られる賃貸収入は確実なものではない。そのため、安全資産である国債よりも（平均的には）高い利回りが予想されない限り好んで買うものはいない。そのため、リスク資産の予想利回りは安全資産の利回りよりも高くなる。この差がリスクプレミアムである。リスクプレミアムは投資家がリスク資産に対して求める追加の利回りのようなものだ。リスクプレミアムは資産ごとに異なることはもちろん、景気動向によっても変化する。リスクプレミアムが大きくなる、つまりは安全資産よりもかなり高い利回りが期待できないとリスク資産が買われない状況をリスク・オフ、その逆をリスク・オンという。

単純化すると、株の利回りは予想される配当収入を現時点での株価で割ったものになる。そして株の利回りは国債金利とリスクプレミアムの和だ。ここから、

予想配当 ÷ 株価 ≒ 国債金利 ＋ リスクプレミアム
↓株価 ＝ 予想配当 ÷（国債金利 ＋ リスクプレミアム）

となる。分母に国債金利が含まれていることから、国債金利が高いときには株価は低く、国債金利が低いときには高くなることがわかる。金融緩和によってコールレートを低下させることで、やや長期の金利を低下させることができるならば株価をはじめとする資産価格は上昇する。

ここで、企業や家計のバランスシートと純資産に話を移そう。企業や家計、そして政府は資産と負債を同時に保有している。資産から負債を差し引いた額が純資産だ。２―４はごく単純化した家計のバランスシートである。金融政策によって資産価格が変化すると、バランスシートの左側にあたる資産額が変化する。しかし、企業の借入金や家計の住宅ローンの残高は国債利回りや物価が変化しても変わらない。

２―４の家計のような、２５００万円相当の資産と２０００万円の住宅ローンを抱える家計を想像いただきたい。この家計の純資産は５００万円である。ここで、政策的な低金利によってマンションの時価評価額が10％上昇して２２００万円になったとする。その他の資産とあわせた総資産は２７００万円である。一方で、返済をしない限り住宅ローン残高は変化しない。その結果、この家計の純資産は７００万円と40％増加することになる。10％の資産価格上昇がその４倍の純資産の変化をもたらすことに注目されたい。

2—4　**ある家計のバランスシート**

資産		負債	
現預金	100万円	住宅ローン	2000万円
有価証券	300万円		
車両	100万円		
マンション	2000万円	純資産	
		純資産	500万円

純資産の増加は投資・消費を刺激する。その理由のひとつが、融資態度への影響だ。銀行が家計や企業への融資を判断する際には純資産の多寡に注目する。現時点での借入と比較して十分な資産をもつ、つまりは純資産が多い家計・企業であれば一部資産への担保設定などを通じ貸し倒れのリスクを最小化できるからだ。融資を受けやすい環境になると家計の消費や企業の投資は増加する。また、家計・企業にとっても手持ち資産を売却すれば借入をすべて返済したうえに手元資金を十分に残すことができるという状況は新規のプロジェクトや生活向上への支出を増加させる理由となる。

このように、金利の引き下げは金利そのものからの影響にとどまらず、資産価格を経由して投資・総需要を引き上げる。ＧＤＰギャップが存在する経済ではこれらの需要拡大は実際のＧＤＰの増加をもたらし、雇用・所得を改善することになる。

金融政策と為替レート

金利と資産価格に続く、金融政策から実体経済への波及経路の三つめは為替レートである。二国間の為替レートは二国間の金融政策から大きな影響を受ける。多いものは安い。少ないものは高い。米国が金融引締によってマネーサプライの伸びを抑制しようとしているならば、ドルは高値傾向となる。そして米国やその他の主要国が金融引締を行うなかで、日本が金融緩和を続けるならば円は安くなる。

マネーと金利は表裏の関係にあるため、同じことを金利によって説明することもできる。ただし、高金利通貨は需要が増加するために高くなる——例えば、日本よりも米国の金利が高いと円安ドル高に「なる」と説明されることがあるが、これは正確な理解ではない。金融市場での調整は瞬時に行われる。現時点で米国の金利が高いならば、その時点ですでにドルは高く「なっている」。この調整速度の速さから、為替レートの先行きには金融政策の将来予想が大きな役割を果たす。例えば、日銀による金融引締が予想されると長期国債の金利を高めることで、円高要因となる。同様に金融緩和予想は円安要因となるわけだ。

なお、教科書等では為替レートの実物経済への影響について、輸出入を用いた説明が行われることが多い。円安になると輸出に有利になる、つまりは外需が増える。または輸入品の

2―5　日本の経常収支推移

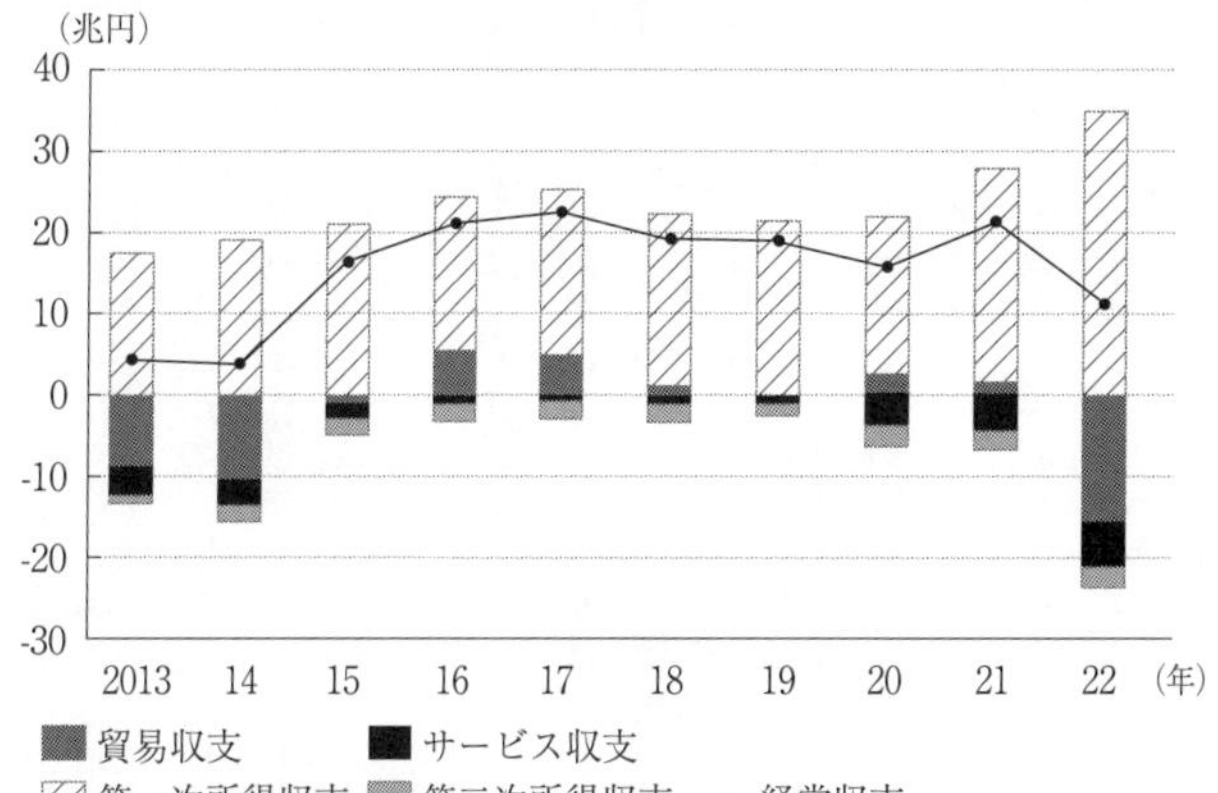

出典：日本銀行「国際収支関連統計」2023年８月

価格高騰により内需が増加するといった説明だ。しかし、２―５にあるように現在の日本の経常収支環境をみると、財・サービスの輸出入（貿易収支・サービス収支）よりも主に投資収益の受け取りと支払いをあらわす所得収支（第一次所得収支）がその大部分を占めるようになっている。１９９０年代以降断続的に続いた円高による生産拠点の海外流出も輸出を通じた総需要の拡大の重要性を低下させている。さらに、日本の輸入品が資源・エネルギーといった国内での生産がそもそも困難なものに集中していることから内需刺激効果も小さい。

円安が日本経済に与える影響としては、海外子会社に代表される海外資産の利益・資産の円換算額が大きくなることの影響が大きくなってきている。財・サービスといったフローの取引よりも、日本経済・日本企業が過去に行ってきた投資の蓄積というストックが対外収支の主役となっているのだ。負債の多くを円建てで負っているなかで、子会社や投資を通じた海外資産やその利益の円換算額が大きくなると企業の財務状況が改善される。負債はそのままで資産やその元となる利益が増加することで、純資産が増大する。純資産の増大は前節で説明したように消費・投資を刺激する。

時間軸と非伝統的金融政策

伝統的金融政策において、日本銀行が目標を設定して直接的に操作するのは銀行間の短期貸借金利である。中央銀行が目標を設けて直接操作する金利を政策金利と呼ぶ。日本であればコールレート、米国ではフェデラル・ファンド（FF）レート、ユーロ圏であればファシリティ金利と呼ばれる短期金利がそれにあたる。

一方で、非伝統的金融政策は金利予想や長期金利といった現在以外の時点を含む経路によって実体経済に作用する。非伝統的金融政策は時間軸を用いた政策である。まずは直接的な将来予想の影響から説明していこう。

銀行にとってコールレートの上昇は、積極的な貸出の潜在的コストである。ただし、貸出拡大によって準備不足に陥るのは貸出を実行したその時点とは限らない。これから融資を拡大していくことで、将来のある時点で準備不足に陥るというケースがある。未来の準備不足のコストは現在のコールレートではない。準備不足となる将来時点でのコールレートである。「現在」のコールレートがゼロになっていても、近い「将来」のコールレートが高水準になると予想されるならば、「現在」の融資にも積極的になることはできない。比較的長期にわたってコールレートの低水準が続くという予想があることで、現時点での融資は拡大する。

また、投資や消費にとって重要な役割を果たすのは長期貸出（借入）に適用される金利であり、その決定には長期国債の金利が大きく影響する。短期金利の引き下げは、通常であれば、イールドカーブ全体を下方にシフトさせることで長期金利の低下をもたらすと考えられる。しかし、市場関係者が短期金利の低下は一過性のものであると予想するならば長期金利は低下しない。長期金利の引き下げには民間の低金利長期化予想が欠かせない。

ゼロ金利政策から量的緩和へ

単純化すると、非伝統的金融政策とは、ゼロ金利政策以降の金融政策に実効性をもたせるうえで必要となる「低金利状態の長期化予想」を創出する様々な手法の総称である。

ゼロ金利政策はその導入当初より、現時点でのコールレートがゼロであること以上の効果をもつと指摘されていた。速水優（はやみまさる）日銀総裁（当時）による2000年8月15日の記者会見では「人々の期待形成に強力に働きかけて、金融緩和効果を十分に浸透させることを狙ったもの」と言及されている。

1999年当時すでに0・02%となっていたコールレートをさらに0・02%下げること自体に意味があるのではない。コールレートを0に誘導することで、日銀の金融緩和の積極姿勢が強調され、低金利の長期化予想が強化されることに意味があるというわけだ。このような民間予想への影響は時間軸効果と呼ばれる。

しかし、一回目のゼロ金利政策が導入された1999年から2000年にかけて当時の速水日銀総裁や日銀幹部からは「副作用というかマイナス効果というものも出てきている」(2000年4月12日総裁会見)など早期のゼロ金利解除の必要性が強調されていた。そして、導入当初には「デフレ懸念の払拭ということが展望できるような情勢になるまで」(1999年4月13日総裁会見)継続するとしていたマイナス金利政策は物価上昇率がマイナスの状態で解除される。これらのちぐはぐな対応により、ゼロ金利政策に本来期待されていた時間軸を通じた影響力は大きく低下してしまったと考えられる。

このような状況に対応する手法として2000年代の経済論壇で注目されたのがインフレーション・ターゲットであった。政府・中央銀行が目標とするインフレ率を公表し、中央銀行が目標インフレ率達成にむけて金融調節を行う義務を負うという法や制度である。

例えば、デフレ下の経済で2％のインフレ目標が設定されたとしよう。このとき、中央銀行はインフレ率が2％に到達するまでは金融緩和——つまりは低金利政策を継続することになる。そして、金融機関がデフレから2％のインフレに至るまでには一定以上の時間がかかると考えることで、低金利政策の長期化予想が形成される。２０１３年に発表された政府・日銀共同声明（アコード）[31]はターゲット政策に類似した時間軸強化手法といえる。

先進国で非伝統的金融政策の一般的な手法となった量的緩和は、ゼロ金利政策の継続にむけたコミットメントとしての性格が強い。市中銀行からの国債買い入れを進めると、十分な準備預金を保有する銀行が多くなり、コール市場での借手が減少する。この状態でさらに買いオペを進めると、ほとんどの銀行が所要準備を上回る日銀当座預金残高を保有するようになる。多くの銀行が超過準備状態にあるなかでコールレートを引き上げるのは容易ではない。コールレートを上げにくい状況をつくることで、民間の低金利長期化予想を強化するのが量的緩和の狙いのひとつである。

なお、量的緩和の波及経路について、ポートフォリオ・リバランスを重視する議論も多い。すべての卵を同じバスケットに入れてはいけない。落としたときに全部が割れてしまうからだ。量的緩和によって多額の日銀当座預金を保有するようになった銀行は、資産構成が日銀当座預金にばかり偏らないよう、その他の資産の保有を増大させようとする。銀行にとって主要な資産のひとつが貸出である。各行がポートフォリオ・バランスを保とうとした結果としての融資増加もまた量的緩和に期待される効果といえよう。

非伝統的金融政策にはこのほかに、量的・質的金融緩和、マイナス金利政策、イールドカーブ・コントロールといった多様な政策手法が含まれるため、複雑で理解しがたいものととらえられがちだ。しかし、いずれの政策も「低金利状態が続くとの民間予想を強化する」という性格から把握するとその特徴を理解しやすい。そこで、ここまでの説明を援用して現在の日本銀行で行われている非伝統的政策の枠組みと狙いについて考えよう。

2012年の転換点

日本において非伝統的金融政策が実行に移されたのはいつからだろう。1999年2月のゼロ金利政策や2001年3月の量的緩和の開始だろうか、それとも2013年3月の黒田総裁就任だろうか。非伝統的金融政策の波及や実体経済への影響経路に鑑みると、その本格的な転換は2012年にあったと考えるべきかもしれない。

前述のように1999年のゼロ金利政策は、消費者物価上昇率がマイナスのまま解除された。2001年の量的緩和政策も2006年に消費者物価指数の上昇率がわずかにプラスになっただけで終了した。一連の行動は、むしろ、日本銀行の政策への民間の予想・期待を大いに不安定化させ、金融政策の有効性そのものを低下させた可能性がある。まだインフレ率が高まる前に金利を引き上げるくらいなのだから、日銀に低金利を長期化させる気はないとの予想が支配的になるのは当然のことだろう。

中央銀行の目的関数——日本銀行がどの程度のインフレ率の実現を念頭に金融政策を行っていたかを推計する研究は多いが、90年代末から2000年代にかけて日本銀行のインフレ目標は事実上のマイナス、つまりはデフレ目標政策であったとする研究もある。[32] 同時期の日本銀行の行動を経済モデルと整合的に解釈すると、そもそも、当時の日本銀行はデフレ脱却を目標とした政策を行っていなかったと疑われてもしかたがない状態であった。

米国の不動産市場や欧州の金融機関危機に端を発する危機にもかかわらず、2008年の世界金融危機（リーマンショック）において、主要国で鉱工業生産の落ち込みが最も激しかったのは日本であった。各国はゼロ金利や量的緩和といった非伝統的金融政策が一定の下支え効果を有したのに対し、日本では過去の行動から時間軸効果の有効性が失われていたことがその一因と考えられる。

日本で非伝統的金融政策の実効性を回復するためには、「低金利状態が続くとの民間予想を強化する」必要がある。そのためには日本銀行の政策姿勢に対する民間・市場からの信用は回復されなければならない。大きな変化の発端となったのが2012年9月26日の自由民主党総裁選挙だった。総裁選告示当初には本命視されていなかった安倍晋三元首相（当時）は金融政策の転換を争点のひとつに選挙戦を進めて勝利した。さらに、総裁選の決着によって衆議院総選挙への準備が整った自民党の国会での攻勢を経て、野田佳彦首相（当時）は11月14日の党首討論において突如衆議院の解散を明言するに至る。

当時の野田内閣・民主党の支持率は低迷しており、選挙による自民党の政権回復、安倍元首相の復帰が確実視されていた。おりしも、日本銀行総裁の任期も迫っている。安倍元首相は日銀法改正にまで言及しながら大胆な金融緩和の必要性を主張してきた。ここから、大胆な金融政策を行う人物を日本銀行正副総裁として選任することもまた高い確度で予想されるようになる。

野田首相による解散明言を受けて、2012年11月14日の始値で8660円であった日経平均株価は上昇に転じ、総選挙（12月16日）後の12月19日には1万円台を回復する。その後2013年1月22日には政府・日本銀行間による共同声明「デフレ脱却と持続的な経済成長の実現のための政府・日本銀行の政策連携について」を経て、新体制発足と量的質的金融緩和の表明（2013年4月4日）時点までに株価は1万2600円にまで駆け上った。同時期間に、10年物国債の利回りは0・75%から0・4%に低下し、為替は1ドル79円から93円まで円安化している。まだ具体的な政策が発表される前に金融市場は大きく変化した。

ここに、金融政策における予想・期待の重要性が見て取れる。

量的質的金融緩和の開始

2013年3月、第二次安倍政権のもとで行われた日銀総裁人事は過去の慣例を大きく打ち破るものであった。選任された黒田東彦総裁は元財務官であり、かねてより積極的な金融緩和の必要性を主張してきた。ちなみに、事務次官を経験していない財務省出身者から日本銀行総裁が選ばれるのは戦後初めてのことである。さらに、副総裁に選任された岩田規久男学習院大学教授（当時）は1990年代から日銀批判の急先鋒として知られた論客だ。長きにわたり金融緩和の必要性を主張してきた正副総裁のもとで、早期の金融引締が行われる可能性は低いと予想されるようになる。いわば人事の刷新という属人的な手法をもって、金融緩和の継続予想を強化しようと試みたわけだ。

日銀の政策転換予想のなか、就任直後の政策決定会合で発表された量的質的金融緩和は事前予想を上回る大胆な手法であった。その要点[33]は、

（1）目標インフレ率2%を2年程度の期間で実現する

（2）金融市場の操作目標をコールレートからマネタリーベース（現金＋日銀当座預金残

高）に変更する

（3）長期国債の国債保有残高を年間50兆円ペースで増加させるとともに、年60〜70兆円ペースでマネタリーベースが増加するよう公開市場操作を続ける

（4）買い入れする長期国債の平均残存期間を7年程度に長期化するとともに、不動産投資信託（J－REIT）や上場投資信託（ETF）の保有を倍増する

とまとめられる。（1）はインフレ率が2％を超えるまで金融緩和を続けるというコミットメントであり、（2）は量的緩和を当面の主要な政策手段とするという宣言とその規模の宣言である。これらはいずれも「低金利状態が続くとの民間予想を強化する」というこれまで説明してきた非伝統的金融政策の要点に対応した措置となっている。

なお、マネタリーベースは現金と日銀当座預金残高の和である。現金の量は発行額によって、日銀当座預金残高は公開市場操作によってコントロールできる。マネタリーベースの内訳は日銀当座預金543兆円に対して、現金121兆円（2023年7月末）である。流通する現金の残高はそう大きくは変動しないため、（3）のマネタリーベースを増加させるということは日銀当座預金残高を増加させるように買いオペを行う政策と考えればよい。

投資信託の購入はリスクプレミアムの縮小によるリスク資産価格の引き上げを狙った政策

といえる。不動産や株価といった資産価格の上昇は企業や家計のバランスシートを経由して消費・投資を下支えする。

長期国債の残存期間については追加の説明が必要だろう。日銀が長期国債の買い入れを増加させると長期国債の価格は上昇する。これは長期国債利回り（長期金利）の低下と同義である。実物経済に直接影響を与えるのは長期金利である。時間軸を経由せず長期金利を低下させる手法はより強力な非伝統的金融政策の手段となりうる。

ここでのポイントは「長期債とは何か」にある。一般的に満期1年以上の債権を長期債と呼ぶ。したがって、2000年に発行された10年物国債が2000年の時点で長期債であることに議論はない。一方で、2009年時点ではこの国債は何と呼んだらよいのだろう。発行当初に長期債だったのだから最後まで長期国債と呼ぶべきか、満期まであと1年を切っているのだから短期債と呼ぶべきか。その用語法は、いまだ、一定していない。

些末（さまつ）な論点に感じられるかもしれないが、量的緩和と量的「質的」金融緩和の違いを考えるうえでは重要な意味をもつ。2001年から2006年にかけての量的緩和期について、「日本銀行の長期債保有額が増加した」と解説されることが多い。しかし、同期間に「満期まで1年以上を残す国債の保有額」は横ばいか、減少していた[34]。同期間に日銀が購入していた「長期国債」は「発行時点では長期国債であったが、現時点では満期まで1年を切っている国債」だったのだ。このようなオペレーションには長期金利を直接引き下げる効果はない。明確な長期国債――平均して満期まで7年を残す国債を買い入れることを宣言したことは、各種投資信託の買い入れとあわせて、金融政策の質的変化を明確にした。

マイナス金利とイールドカーブ・コントロール

2013年4月の量的質的金融緩和発表後、株価・雇用については急激な改善が続いた。2012年11月から2018年10月に至る景気拡張期、いわゆるアベノミクス景気において、株価は8000円台から24000円台に伸び、500万人以上の雇用が生まれ、2015年以降は正規雇用の人数も増加に転じた。[35] また、市街地を中心に地方都市における地価下落にも2015年以降底打ち傾向がみられるようになる。[36] 極端な円高傾向が是正されたことも手伝い、過去最高益を更新する企業も増えていく。

また、生鮮食品・エネルギーを除く消費者物価指数にも変化がみられた。日本版コアコア指数とも呼ばれる同指数は、1999年から2012年度まで断続的に前年比マイナスの状況が続いていた。一方で、2013年度から2020年度に至るまではプラス領域での推移となる。

しかし、消費税の引き上げがあった2014年度を除くと1%以下の上昇にとどまり、黒田日銀が掲げる2％のインフレ目標の達成には遠い状況が続く。また、物価と密接なかかわりがある賃金についても微増にとどまる状況であった。

インフレ目標の達成と実体経済の改善を目指し、２０１６年以降の日本銀行はさらなる金融緩和の強化を模索していくことになる。マイナス金利政策、イールドカーブ・コントロール、オーバーシュート型コミットメントといった現在まで続く各政策もまた、ここまで説明してきた非伝統的金融政策の論理から整理すると理解しやすい。評価・評論はさておき、まずは、その内容について説明していこう。

２０１６年1月に日本銀行は銀行が保有する日銀当座預金の一部に0・1％マイナス金利を適用することを発表した。マイナス金利政策の目的のひとつは、ポートフォリオ・リバランス効果の強化にある。資産に占める日銀当座預金の割合が高くなった銀行は、それ以外の資産、なかでも貸出という資産を保有することによって資産構成の偏りを防ごうとする。この傾向は日銀当座預金の金利がマイナスになれば強化される。

また、日銀当座預金にマイナス金利が適用されると、各銀行間でのコールレート等の短期金利もマイナスとなる。イールドカーブの起点である短期金利が低下することによって、イールドカーブ全体を下方にシフトさせることも、マイナス金利の狙いのひとつである。これは伝統的金融政策におけるコールレート引き下げの経済効果と軌を一にする波及ルートといえる。

これまで説明してきた政策手法はいずれも長期金利の抑制を目標のひとつとしていた。2016年9月に導入されたイールドカーブ・コントロール（長短金利操作付き量的・質的金融緩和）もまた例外ではない。

長期国債——なかでも10年物国債の利回りを0付近にすることを目標に日銀が介入を行うことを宣言すると、多くの市場参加者も長期国債の利回りが0になると予想して取引を行うようになる。長期国債価格が低下（金利上昇）しても、日銀が目標とする金利になるまで国債の買い入れを進めるとわかっているならば、一部の投資家は価格上昇を見込んで国債を買うようになる。日銀の介入を予想した投資家の行動により、理屈のうえでは、日銀が実際の買い入れを行うことなしに目標とする長期国債価格（長期国債金利）が達成できる。いわば国債買い入れ量を節約しながら、長期金利の抑制を目指すのがイールドカーブ・コントロールの狙いである。

オーバーシュート型コミットメントは現在の措置を含めた金融緩和の継続期間を物価上昇率が「2％を超えるまで」ではなく、「2％の物価上昇率を安定的に持続するために必要な時点まで」続けるという宣言である。これがより強い低金利長期化へのコミットメントであることは容易に理解できるだろう。

ちなみに日本銀行はこれら目標とする物価指数としては生鮮食品を除く消費者物価指数を用いるとしている。短期的に2％を超える物価上昇にみまわれても、それが安定的に持続するものであると考えられるまでは金融緩和を続けると宣言したことは、現在発生しているインフレと将来の出口戦略を考えるうえで重要な役割を果たすことになる。

量的緩和政策の変化と出口戦略

これら2016年以降に加速した追加的な非伝統的金融政策について、それ以前の非伝統的金融政策を支持してきた論者間においても、その評価は分かれている。

第一の論点は、マイナス金利政策の民間予想・期待への影響力である。ゼロ金利政策導入時に議論されたように、かつてない緩和政策の導入はそれ自体が強いアナウンスメント効果をもつこともある。ここまで特別な手段を講じたのだから日銀の緩和継続への意思は強固である――と民間が予想するだろうと考えるのだ。しかし、それまで市場に大きなサプライズを与える政策を実施してきた黒田総裁体制の日銀において、マイナス金利が市場の予想に与えたインパクトはそこまで大きくはなかった可能性は否めない。むしろデフレ脱却の困難さを印象づけたとの批判もある。

一方のイールドカーブ・コントロールについても、非伝統的金融政策の強化やその長期化に備えた措置であるとのメッセージが十分に伝わったとはいいづらい。むしろ、量的緩和の限界を示すとともに、今後の緩和縮小にむけた布石と考える市場関係者もいた。量的緩和政策の継続によって日銀による国債保有割合は上昇してきた。イールドカーブ・コントロールを宣言することで、市場の力を借りて、日銀の国債買い入れ量を抑えながら長期金利の抑制を続ける苦肉の策として受け止められたわけだ。

さらに、金融緩和からの出口期においてイールドカーブ・コントロールは予想・期待のコントロールを困難にする。金利にターゲットを設けて長期金利をコントロールする政策は微調整にむかない。政策変更が市場の予想・期待を大幅に動かし、結果として過剰な金融引締が生じる可能性がある。[37]

この問題を考えるためには、オーストラリアの事例が参考になるだろう。2020年3月に導入されたオーストラリア中央銀行のイールド・ターゲット政策は3年物国債の金利を0・25%（後に0・1%）以下に抑制する政策であった。しかし、21年10月に消費者物価指数の上昇が伝えられると、3年物国債が売られ、その価格が下落（金利が上昇）しはじめる。この状況に対してオーストラリア中銀は3年物国債の目標金利を維持することなく、翌月にターゲット政策の廃止を宣言した。

長期国債の価格低下（金利上昇）に対して、中央銀行が買いオペを続けて国債の金利目標を維持することは不可能ではない。中央銀行は、制度上は、自国通貨建て国債を無限に購入することができる。しかし、足元でインフレが発生しており、近い将来に短期金利を引き上げる可能性がある（と日銀自身が考えている）なかで長期金利を抑制することは政策として矛盾している。整合性のない政策を続けることは、市場の予想・期待を不安定化させるだろう。

非伝統的金融政策は、短期金利が低い状態が長く続くという予想を強化することで、長期金利を引き下げる政策である。短期金利を引き上げようとしているなかで、特定の満期の国債金利だけを抑制しても、民間の貸借に関連する金利は低下しない。オーストラリアでも、平常時は連動する、3年物国債の金利と3年物の社債等の金利の差が広がっていた。長期国債の金利を抑えれば、自動的に民間貸借に関する長期金利が下がるわけではない点には注意が必要だ。制度上可能だとしても、実体経済への好影響が期待できないなかで無制限の国債買い入れによって特定満期の国債金利だけを抑制する意義は薄い。

2023年の7月に日銀はイールドカーブ・コントロールの柔軟化を決定し、無制限の介入によって抑制してきた長期国債金利の上限を0・5％から1・0％に引き上げた。この措置は、インフレ上振れ時に「民間の短期金利予想から導かれる長期金利」と「日銀の介入によって維持される長期金利」が乖離することを防ぐ措置である。

「民間の短期金利予想から導かれる長期金利」の上昇に追い込まれる形で長期金利目標を変

更すると、民間予想を追認することとなるため、短期金利上昇予想がさらに強化される。その結果、短期金利の長期化予想を核とする非伝統的金融政策の実効性自体が低下してしまうことになる。このような事態に至らないように、長期金利水準の上限を足元の水準よりも高めに設定しておくのだ。イールドカーブ・コントロール柔軟化は、今後も、非伝統的金融政策による金融緩和を維持するために必要な措置である。

一方で、市場関係者の一部は、イールドカーブ・コントロールの柔軟化を金融緩和から金融引締への転換ととらえた。目標金利を0・5%から1・0%に「引き上げ」たのだから、このような受け止め方があるのはいたしかたないかもしれない。このような政策意図への誤解が経済に悪影響を及ぼさないようにするためには、市場とのさらなるコミュニケーションが求められる。政策変更後も、オーバーシュート型コミットメントで宣言された「2%の物価上昇率を安定的に持続するために必要な時点まで」コールレートの誘導水準はゼロのままであり、さらに長期国債の大規模な買い入れは維持されることを伝えることが必要だ。その途上では国債買い入れ額を増加させる必要が生じることもある。イールドカーブ・コントロールから量的質的金融緩和へ回帰することで、金融緩和の強度を微調整することが可能になる。このような変化が、比較的近い将来に生じうる出口戦略の手法となるだろう。

次いで、二・三年のうちに生じる可能性は低いが、短期金利の引き上げまでもが必要となる状況では各金融機関の日銀当座預金の金利引き上げ、その後の日銀保有国債の売却によるバランスシート縮小などが選択肢となる。

現在も各金融機関の日銀当座預金の一部には利子が支払われている。日銀当座預金のうち、所要準備には利子はつかない。超過準備については2015年までの増加分については0・1%のプラス金利を、それ以上の超過準備についてはマイナス0・1%の金利が適用されている（2023年8月現在）[38]。この複雑な階層化を解消しつつ、超過準備への付利を引き上げていくことになる。超過準備に対してプラス金利――例えば0・2%の金利がつくならば、銀行間の超短期貸借金利であるコールレートもまた0・2%にむかうことになる。

また、準備率の引き上げもひとつの選択肢となる。各行が日銀当座預金に準備しなければならない残高が所要準備（＝法定準備率×預金残高）である。所要準備が高くなれば、それにあわせて所要準備を満たすための資金需要は増加する。これはコールレートの低下を通じた金利の引き上げにつながるだろう。ただし、法で定める準備率を頻繁に変更することはできないため、準備率引き上げは超過準備への付利などと並行して中長期的な政策方針を示すツールとして用いられることになるだろう。

出口戦略の「痛み」

これらの出口戦略が不可能である、または日本経済に致命的な損失を与えるかのような論評がある。確かに、十分な需要の回復や国内生産物インフレがないなかで金融引締に転じるならば、その被害は甚大であろう。尚早な引締がいかに大きな、そして長期にわたる経済停滞を招くかを日本人ほどに実感をもって理解できる国民はいるまい。近年、国際的な学会においても金融政策の長期的影響を指摘するものが増えている。金融引締は足元の景気を悪化させるだけでなく、投資による生産設備の停滞、研究開発投資の減少による生産性の停滞、ベンチャー・キャピタル投資の減少を通じて以降10年以上にわたって将来GDPを低下させる。[39]

金融政策の実体経済への影響はかつて考えられていたよりもはるかに長期的なものとなっている。[40]出口戦略の検討は、金融引締のもつ長期的な経済への圧迫を十分に踏まえて慎重に行わなければならない。

ただし、現在の金融緩和を永遠に継続するべきであるとは限らない。どのようなとき、金融緩和の縮小が必要になるのだろう。金融引締が必要になるのはどのような経済状況であるかを明確にすると、出口戦略で何が起きるかも理解しやすくなろう。

国内景気の力強い回復によるインフレはもちろんのこと、海外での資源価格高騰が波及してのインフレであっても、インフレは買い急ぎを招く。予想インフレ率が高まると企業・家計は借入を行ってでも「今のうちに買う」ことが合理的になるためだ。インフレ時またはインフレが予想される場合には、借入需要が大きくなる。借入需要が大きい状態では各金融機関は企業・家計への融資を拡大する。融資が預金（マネー）を生む。そして預金の増大は各行の所要準備を増大させる。

金融政策の転換が必要となる状況では、民間部門の資金需要から金利の上昇圧力が働くことになる。そして各行の預金の増大からも超過準備には縮小圧力が生じる。需要過剰期における中央銀行の役割は、市場予想よりも早いペースで金利を上昇させ、需要過剰による加速度的なインフレを防ぐところにある。海外のインフレはいまだ予断を許さない状況ではあるが、2022年末ごろからインフレ率の加速は一段落しつつある。欧米各国よりもはるかにインフレ率の低い日本で、出口戦略によってインフレに歯止めがかからなくなる可能性は低い。むしろ注意すべきは早すぎる引締による景気悪化の方にある。

また、出口戦略で行われる日銀当座預金への付利が巨額に上ることで日本銀行の財務が悪化し、通貨の信頼が失われることでハイパーインフレになるという主張まであるようだ。また、そこまでの極論ではなくとも、金利上昇にともなう国債価格の下落によって日銀が債務超過になることを心配する論考もある。これらはいずれも、貨幣・国債・政府債務それぞれを整理して理解していないことによる誤解である。結論を先回りしておくと、日本銀行単独のバランスシートには何の意味もない。実際、米国の中央銀行である連邦準備制度は2023年5月以降債務超過状態となっている。[41] これまで、オーストラリア、西ドイツ（当時）、チェコ、イスラエル、メキシコなどの中央銀行が継続的な債務超過を経験しているが、中央銀行としての政策になんらの制約は生じなかった。

日本銀行が債務超過になったとしても、円の価値には何ら影響はない。なぜなら、貨幣の価値を担保するのは中央銀行ではないからだ。この問題に正確に答えるために、第三章では国債と貨幣、そして政府と日銀にはどのような違いがあるのか（ないのか）を説明する。

これらの議論を踏まえると、そもそも、出口戦略を必要とするまでの安定的なインフレ、その背景となる経済成長が達成される日は来るのだろうか。または、コロナ禍からの正常化とウクライナ侵略に起因する現在のインフレはあくまで一過性のものにすぎず、その後には再び経済停滞と低金利の時代が戻ってくるのだろうか。この問題を考えるためには金利と実体経済の関係に関する陰鬱な予想について考えていく必要がある。

3　長期停滞論と定常的不況の可能性

金融政策は低金利による投資・消費への直接的な刺激に加え、資産価格や為替レートを通じて総需要に影響を与える。しかし、いかに金利を下げても潜在的な生産能力がフルに活用されるだけの需要は発生しないかもしれない。その可能性について指摘する一連の論考は長期停滞（secular stagnation）論と呼ばれる。

長期停滞論はハンセン（Alvin Hansen, 1887〜1975）が1938年に行った米国経済学会会長講演[42]に由来する。1929年来の世界大恐慌の影響が払拭されないなかで、同講演では需要不足の長期化とそれによる世界の経済成長の長期的な鈍化の可能性が指摘された。その後の第二次世界大戦による政府需要の増大、戦後の高成長などによってハンセンの提言は長く忘れ去られた存在であった。その議論が再び注目されるきっかけとなったのが2011年に刊行されたコーエン（Tyler Cowen）の『大停滞[43]』であり、サマーズ（Lawrence H. Summers）による2014年の論考[44]である。

実物経済における需要と供給

金利と消費・貯蓄・投資の関係を考えるにあたり、まずはごく単純な実物経済を想定する。住民が一人しかいない絶海の孤島で、唯一の生産物はジャガイモであるとしよう。ある年のジャガイモの収穫は消費（ジャガイモを食べる）か貯蓄（食べずにとっておく）かに振り分けられる。ジャガイモを食べずにとっておくのは主に来年度の種イモにするためだ。将来の生産のために財を振り分ける行為は、現実経済の設備投資に相当する。来年度の作付けではなく、予備的な食料として備蓄する場合もある。これも（意図した）在庫投資と呼ばれ、投資の一種といえる。

この自給自足経済では貯蓄することと投資することは同じ行為の裏表であり、自動的に一致している。そして、常に供給に等しいだけの需要（消費＋投資）が存在していることもわかるだろう。第一章3節でふれたセイの法則の世界である。この関係が崩れるのは貸借関係がそこに介在してくるときだ。

この国の住民は「今消費することの効用」と1期「待つ」ことで得られる「ジャガイモの増産」を比較して消費・貯蓄（投資）を選択する。1期待つことによる収穫の増加がこの経済における利回り・金利である。仮に、1tのジャガイモを来年の作付けにまわすと1・2tの収穫が得られるならば、ジャガイモ金利は20％というわけだ。金利が高まるほど、今ジャガイモを食べるよりも来年の作付けにむけて貯蓄するインセンティブが強まる。つまりは金利が高いと消費は減少し、貯蓄・投資は増加する。

自給自足経済では貯蓄と投資、需要と供給は同じものだ。しかし、ここで投資の意思決定が消費・貯蓄とは別の主体によって行われる場合はどうだろう。投資主体は貯蓄主体から資源を借り入れて投資を行い、そこから得られた収益の範囲内で金利を支払い、残りを自らの利益とする。このとき、金利が高いほどにそれにみあった投資プロジェクトは少なくなる。つまりは、金利が高いと投資は減少する。

本章1節では金融機関が融資を実行するときにあたかも無から有が生まれるようにマネーが生じることを説明した。しかし、工場設備の増強や研究開発といった実物的な投資はその原資となる財・サービスを用いることなしには実施できない。実物投資は、あくまでその年に消費されなかった財・サービスの範囲内で行わざるをえない。

貯蓄は金利の増加関数であり、投資は金利の減少関数である。貯蓄に比べて投資が少ないならば、貯蓄のリターン（かつ投資のコスト）である金利は低下する。一方で、投資需要が旺盛であれば、金利は上昇する。

経済の生産能力がフル活用されている状態――潜在GDP水準の経済で貯蓄と投資を一致させる金利水準が存在するならば、金利の調整を通じて経済はその実力を完全に発揮することができる。金融政策の役割は、このような潜在GDPが達成される金利水準にむけて金融調節を行うところにある。

名目金利と実質金利

ここまで説明してきたジャガイモ経済の金利、潜在GDPを達成するための金利はいずれも実質金利と呼ばれる。本節の説明にはまだ貨幣が登場していない。それ故に、名目（Nominal）と実質（Real）を区別する必要がなかった。辞書的に説明すると、金額そのもののデータが名目値で、物価の変化を考慮したものが実質値である。なお、現実経済には貨幣が存在し、価格は貨幣を単位に表示されるため、名目値と実質値は必ずしも一致しない。

例えば大卒初任給が１９７０年には４万円、２０２０年には20万円であったとしよう。[45]新卒者の名目賃金は50年で５倍になっている。ただし、これは２０２０年の新卒者が50年前よりも5倍豊かだということを意味しない。この間に物価も上昇しているため、「買えるもの」は5倍までは増加していない。仮に同期間に物価も2倍になっているとするならば、50年間での実質的な大卒初任給の上昇は2・5倍（＝5÷2）にすぎない。

成長率や金利などの「率」で表示される指標は、名目率からインフレ率を差し引くことで実質化される。例えば、額面上の年利が5％で、借入・返済間のインフレ率が2％のとき、実質金利は３（＝5－2）％と表現される。

これがなぜ「実質」金利なのだろう。ここで、年利5％で１００万円を借りて様々な商品を購入して1年間倉庫に眠らせておき、1年後にその在庫を販売して返済を行う状況を考えてみよう。この間に商品が2％値上がりしたならば、在庫販売収入は１０２万円になる（在庫費用は0とする）。返済のために追加的に必要になるのは3万円だ。１００万円借りて、３万円の追加負担が生じたのだから実質的な金利負担は3％である。仮に6％の物価上昇が生じると、商品を1年間眠らせておいただけで借入の1％にあたる利益が出る。このとき、実質金利はマイナス1％であると表現される。

この例では、1年前に名目金利3％で借りたところ、今年までに2％のインフレが生じたため実質的な金利負担が1％で済んだ。結果として負担が1％となることから、これを事後的実質金利が1％であると表現する。また、名目金利が3％であると同時に今後1年で2％のインフレが予想されているならばどうだろう。このとき、実質的な金利負担は借入の1％程度と予想されることから予想実質金利は1％だ。新聞・雑誌の経済解説ではそれぞれ「事後的」「予想」部分が略記されることが多いため注意されたい。

自然利子率と金利の下限制約

長期停滞の問題を考えるにあたって鍵となる概念が自然利子率である。厳密には、ヴィクセル（J. G. K. Wicksell, １８５６〜１９２６）によって提唱されたすべての市場を同時に均衡させる利子率水準が自然利子率であるが、本章では潜在ＧＤＰにおける貯蓄と同じだけの投資が行われる実質金利水準を自然利子率と呼んでおこう。ごく一般的な仮定の下では両者は同じ状況を指すが、本書ではモデルの詳細には立ち入らない。

マクロ経済における需要は消費・投資・公的需要・海外需要に大別される。このうち、公共事業や防衛費といった公的需要は政府が裁量的に増減することができる。一方、消費・投資は金利の減少関数である。また、海外需要についても高金利は円高を通じて海外需要を減少させる。ここからマクロの需要（総需要）もまた実質金利の減少関数であると整理して大過ないことがわかる。

十分な需要がない場合には、実質金利が低下して消費や投資需要が増大し、一国の生産能力に等しい水準である潜在GDPが達成される。このときの金利水準が自然利子率である。しかし、供給能力に対して需要の不足が大きすぎる、または金利を引き下げても需要がそれほど増えない状況もあるのではないだろうか。供給能力に見合う需要が生じるには実質金利がマイナスにならなければならない――つまりは自然利子率がマイナスの状態では何が起きるのだろう。

名目金利には下限がある。マイナス金利政策においても実際にマイナスの金利が適用されるのは日銀当座預金における超過準備のそのまた一部にすぎない。仮に銀行の貸出金利がマイナス1％、つまりは100万円を借りて99万円を返せばよいという状況になったら、借入需要は無限大になってしまう。このような状況は成立しえない。

金融政策による名目金利の調整も、0またはごくわずかなマイナスが引き下げの限界になる。融資において適用される名目金利はリスクや事務手数料を含むため、その下限はさらに高いだろう。ここで、

(予想)実質金利 ＝ 名目金利 － 予想インフレ率

であることを思いだそう。マイナスの自然利子率状況にある需要不足経済は政策的な措置なしに需要不足による不況から脱出できないのだ。

チャンス待ち戦略のリフレ論

ある国において、自然利子率はマイナスであり、総需要の不足によって潜在GDPが達成できていないとしよう。中央銀行は名目金利の引き下げによって総需要の回復をはかろうとする。しかし、供給能力に対して需要が不足している状況では物価は低下傾向――デフレ状況になる。これを民間経済主体が読み込むことで、予想インフレ率はマイナスとなる。すると実質金利(＝名目金利－予想インフレ率)は名目金利よりも高くなる。仮に名目金利を0ま

で引き下げたとしても実質金利は予想されるデフレ率の分だけプラスになる。負の自然利子率下でデフレ予想が定着している状況では、名目金利の引き下げによって需要不足を解消することはできない。このような状況は、今日では、「流動性の罠」と呼ばれる。ちなみに、ケインズが指摘した債券価格の将来予想に基づく流動性の罠とは異なる論理であるが、今日ではこちらの用語法の方が一般的となっている。

日本における長期停滞と負の自然利子率の問題を指摘したのがクルーグマン（Paul Krugman）である。[46] クルーグマンの1998年の提言は2000年代の金融緩和論争で、最も言及された論文であろう。その主張はいたってシンプルだ。名目金利が下限に達していても、実質金利を引き下げる方法はある。予想インフレ率を引き上げればよいのだ。

自然利子率がマイナスの状況は永遠に続くわけではないと仮定しよう。将来のどこかの時点では総需要が供給能力を上回り、経済にインフレ傾向が生じることがある。このような将来時点で中央銀行がインフレを抑制しないこと——を民間経済が予想すれば、現在と将来の物価水準の比であるインフレ率の予想値は上昇する。

自然利子率の低下は将来のインフレへのコミットメントによって解消できる。そして、「将来」景気が回復しても尚早な金融引締は行わないことを「現在時点」で企業や家計に信じさせるには何が必要だろう。少なくとも、現時点で金融緩和を行わずにこのような信認を獲得することはできない。デフレ下で十分な金融緩和を行っていない中央銀行がインフレ時により強力な金融緩和を行うと考える者はいないだろう。

２０００年代に盛んになった国債、なかでも長期国債の買い入れを増額すべきだという主張はクルーグマンの提言に依拠している。また、予想インフレ率の引き上げのためには、目標とするインフレ率が達成されるまでは金融緩和を継続するというインフレーション・ターゲット型の政策も有効となる。初期の金融緩和論がインフレーション・ターゲットの導入を政策転換の中心に据えていたのもこれが理由である。現在の日銀がとるオーバーシュート型コミットメントもまた、ここにルーツのひとつをもつといってよい。

一方で、論争の初期には同論文が想定する「将来時点でのインフレ」の可能性に疑問が呈されることも多かった。つまりは、永久にインフレは来ないかもしれないという懸念である。しかし、論文が発表された１９９８年以降の日本経済を概観すると、これは杞憂であったことがわかる。２０００年代前半にはＩＴ産業に支えられた米国経済の成長によって、日本国内でも輸出型産業を中心に景気の拡大が生じた。また、２００８年にはじまる世界金融危機からの回復期においても旺盛な外需は国内景気を下支えした。雑駁（ざっぱく）なまとめであるが、10年または20年というサイクルで考えると、一度や二度は何らかの意味での好景気が生じるもののようだ。クルーグマンの議論をベースとするタイプのリフレ論は、そのチャンスを十分に準備して待つ、というチャンス待ちの性格を有している。「いつかくる好景気」において拙速な引締を行わないこと。それにコミットすることが現時点の景気を支えるとの視点はこれからの日本の金融政策を考えるうえで重要な論点を提供してくれる。

2023年現在発生しているコストプッシュ型のインフレに対して、金融引締のペースがあまりにも早いと、今後の経済停滞局面において「将来のインフレにコミットする」タイプの政策が信頼を得ることは大いに困難になる。その意味でも、これからの金融緩和のペースは国内で生産される財・サービスのインフレ率、または国内生産活動（付加価値）についての価格上昇率を慎重に見極めながら調整をしていく必要がある。

容易に収穫できる果実

そもそも、負の自然利子率状態はなぜ生じるのだろう。投資の収益率が低い状況では、実質金利もまた同様に低下しない限り、十分な投資需要は生まれない。前出のコーエンは米国経済、または世界経済における「容易に収穫できる果実」が食べつくされつつあると指摘している。容易に収穫できる果実としてあげられるのが、（1）無償の土地、（2）技術革新、（3）未教育の賢い子どもたちである。

ここでは日本経済を念頭に説明していこう。未開拓の肥沃な土地が数多く残されているならば、投資によってそれを農地化することで高い収益率を達成できる。また、文字通りの無償ではなくとも、工場立地に適した地域や穀倉地帯と大都市の間に鉄道や道路などの輸送インフラが整備されていない状況であれば、収益性の高いプロジェクトを探すのは容易である。しかし、現在の日本において、劇的な生産性や利潤機会の向上が期待できる道路・鉄道路線を想像するのは難しい。

第二の技術革新については意外に感じられるかもしれない。私自身もこの論点は全面的には受け入れがたいと考えている。しかし、１９５０年から80年にかけての変化とここ30年の変化を比べたとき、私たちの生活・ビジネスの変化速度が大幅に落ちていることは直観的にも理解できる。１９５２年に連載が始まった『鉄腕アトム』では、アトムの誕生日は２００３年だ。それからすでに20年が過ぎているが、まだアトムは作られていない。テレビが、自動車が、冷蔵庫が登場したとき、私たちの生活は明らかに質的に変化した。これに比べると、携帯電話もインターネットも従来の製品でも可能だったことがより少ない労力や短い時間で可能になったという量的な変化にとどまるとも考えられる。

第三の論点は人的資本への投資に関するものだ。１９５５年時点の日本で、高校進学率は51・5％、（短期大学を含む）大学進学率は10・１％にすぎなかった。この状況では、将来の日本に大きな進歩をもたらしたかもしれない隠れた天才がその才能を開花させずに埋もれていくという事態も多かっただろう。しかし、2020年度の高校進学率は95%を超え、大学進学率は6割近くにのぼる。短大・高専・専門学校を含めた高卒後進学率は84%にのぼる。[47]この状況で進学率の上昇が生産性向上の原動力となりうると想定するのは難しいかもしれない。

投資先として海外に目を転じても、これらの説明に劇的な変化が生じるわけではない。2018年に出版され、世界的なベストセラーとなった『FACTFULLNESS』[48]が示したように世界各国の経済状況・生活水準は劇的に向上してきた。それゆえに、これ以上の改善から得られる「果実」はかつてほどには大きくないかもしれない。ビジネスについても同様に、簡単に利益を得られるプロジェクトの余地は途上国においても減少している。

貨幣愛による不況定常状態

このような恒常的需要不足について、異なる角度から整合的な理論構築を行ってきたのが小野善康(おのよしやす)である。92年に刊行された『貨幣経済の動学理論――ケインズの復権』(東京大学出版会)に始まる一連の研究は、小野モデルとも総称される。現代の長期停滞論を20年以上も先取りしたモデルである。一般書による解説[49]も多いため、ここでは同モデルから導かれるインプリケーションを中心に紹介しておこう。

ある程度以上の経済成長をとげた社会では、消費の絶対水準が高い。消費水準が高いと、追加的な消費から得られる追加的な効用は低くなる。貧しい家計にとって米10kg・ラーメン10食は非常にありがたいが、豊かになるほどにそのありがたみは薄れるだろう。このように、消費を増やすことの満足度（限界効用）は豊かになるにつれて低下していく。これを経済学では限界効用の逓減という。

一般的な経済モデルでは、消費と貯蓄は、今消費するか／将来消費するかの違いとして扱われ、「現時点での消費を我慢することの痛み」と「我慢によって得られる追加的な将来消費」を比較して現時点での消費行動が決まる。このとき、元々の消費水準が高く、現在・将来ともに消費水準が高く、限界効用が低い状態にあるならば、両者のどちらを選ぶかに限界効用の絶対的な低さは影響しない。

しかし、貯蓄は将来の消費に備えるためだけに行われるのだろうか。「貨幣を保有することそのもの」にも効用があるのではないだろうか。通帳の残高が増えていくこと自体が楽しい、貯金がたくさんあることそのものから安心感を得るといった感情がこれにあたる。消費から得られる限界効用が低い状況では、このような貨幣愛から得られる効用が消費のそれを上回ってしまうことがある。

人々が将来消費のためではなく、貨幣保有そのものを選ぶようになると現時点での消費需要はもとより、将来の消費を増やすための生産設備や研究開発への投資よりも貯蓄が選択される。消費需要と投資需要がともに停滞している状況を市場の力だけで調整する方法はない。さらに、貯蓄が貨幣保有にむかうと需要不足にあわせて、貨幣価値の上昇によってもデフレ化が進むことになる。物価が需給を一致させるように瞬時に変化するという非現実的な状況を除くと、デフレは貨幣保有の魅力と実質金利（＝名目金利－インフレ率）を高めることでさらなる需要の低下を招くだろう。このような状況では政府が需要を作り出すしかない。

同モデルのもうひとつの特徴は、デフレ不況と資産価格バブルが同じ理由から発生することを示唆している点にある。将来の消費ではない資産保有そのものへの欲求が貨幣にむかうとデフレ不況に、資産にむかうと資産バブルになる。バブル的な資産価格上昇や経済成長なき株価上昇と不況を繰り返す現代において、もういちど学びなおしたいモデルである。

バランスを失う貯蓄と投資の3要因

自然利子率をマイナスに沈める要因となるのが過剰貯蓄の問題だ。それが収益性のあるプロジェクトの減少によるのか、消費の限界効用の低下と貨幣愛にあるのか。その真因の探求は本書のテーマではない。本書が目指すのはこの状況を改善・解決する手段の模索である。

理由はともあれ、民間の貯蓄意欲が高いほど、巨額の貯蓄に相当する投資をみつけるのは難しくなる。また、金融資産は誰かの負債である点にも注意が必要だろう。銀行預金は銀行の負債であり、銀行の資産である貸出は借手の負債である。

旺盛な貯蓄と少ない投資、または少ない負債需要を考える際には、人口構成が注目されることが多い。ハンセンによるオリジナルの長期停滞論においても、20世紀以降の主要国における人口増加率の低下が停滞の原因として指摘されている。人の一生における貯蓄と借入タイミングを鑑みると、40代前半までの家計は資金の借入需要が大きい。進学や結婚、そして住宅購入といったライフイベントのための借入は他の誰かの資産・貯蓄となる。一方、50代以上になると借入の返済や老後資金の貯蓄などを通じて資金提供主体となる場合が多い。教科書等では高齢者は貯蓄をとりくずして生活するため、高齢者の貯蓄不足を招くと説明されるが、現実の高齢者はむしろ貯蓄を増加させつづけようとする傾向がある。若年人口が少なく、高齢者層が多い経済では資金需要主体が少なく、供給主体は多くなる。その結果、貯蓄意欲に相当するだけの資金需要が生まれる金利、つまりは自然利子率がマイナスとなる可能性がある。

また、所得格差の拡大もこの傾向に拍車をかける。貯蓄を望むのは比較的所得が高い層が中心だ。一方で、生活や自己投資のための資金を必要とする者は低所得者層に多い。安定的な雇用と昇給が期待できる経済では、低所得者の多くは若年層であり、彼らは将来の中・高所得者であった。この場合には、中高年層の貯蓄希望に対して若年層の資金需要をマッチすることで貯蓄と資金需要のバランスをはかることが容易だ。しかし、近年の主要国ではこのような前提自体が成立していない可能性がある。非正規雇用や昇給の見込めない職種にあるものが借入を行うことは難しい。金融機関は貸し倒れリスクを勘案して大幅な高金利を要求するか、そもそも融資自体を行わない。旺盛な貯蓄需要に応えるだけの金融資産が生まれるためには「信頼できる債務者」が必要だ。信頼できる債務者が不在となったときに貨幣経済は収縮する。次章では信頼できる債務者がどこにいるのか、歴史的な視点も含めて論じることとしよう。

第三章　一体化する財政・金融政策

財政政策をめぐる議論を整理した第一章では、財政政策の効果は足元の経済状態に依存することを示した。労働や生産設備の稼働率が高い状況では有効性が薄いとともに、財政支出が行われた時点での国民負担となる。一方で、失業や設備の遊休がある場合には財政支出の有効性は高く、国内で消化される内国債の場合には償還時点では国富の減少という負担は生じない。つまりは、労働や設備の稼働率といった実物経済の状況が財政政策の効果・負担を決定的に左右するのだ。

また、第二章では金融政策の有効性も実物経済の状況に左右されることを説明した。なかでも、実物経済における潜在的な成長率が低く、金利が0になっても生産能力に対して十分な消費・投資需要が生じない負の自然利子率状態では、伝統的な金融政策の有効性は失われる。このような状況では大規模な国債の買い入れ、長期国債の金利のコントロールといった非伝統的金融政策が必要となる。ただし、非伝統的金融政策の効果は将来時点での総需要に左右される、いわばチャンス待ち戦略としての性質がある。

このように、財政政策・金融政策の効果は実物経済の状況によって大きく異なる。本章ではマクロ経済におけるもうひとつの依存関係——財政政策と金融政策の関連性を考えていこう。結論を先取りすると、財政政策・金融政策という区別は歴史的経緯や各国の制度の違いによる便宜的なものでしかない。両者は一体の存在であるし、一体の存在であるべきだ。財政危機をめぐる議論においても両者の不可分性を踏まえた議論が必要である。

1　国債と貨幣に違いはあるのか

貨幣とは取引の際の支払い手段として用いることができる資産を指す。第二章1節で説明したように、現預金は典型的な貨幣であるし、現預金化が容易な国債も広義の貨幣（流動性）と考えられている。では、国債と貨幣の差はどこにあるのだろう。最も簡単な違いは利子がつくか否かである。しかし、国債の利回りが0に近づくにつれて、両者の違いは不鮮明になっていく。本節では、国債・貨幣、そして金融資産とは何かについて整理しよう。

政府負債としての現金

ここで資産と負債について当たり前の前提を共有しておきたい。誰かの負債は誰かの資産である。例えば、私がA氏に100万円を借りたとしよう。このとき、私は100万円の負債を負うと同時に、A氏は100万円の債権という資産を保有することになる。土地や生産設備、知識・技能といった実物資産ではない資産——金融資産はすべて何らかの意味で誰かの負債である。

普段意識されることは少ないが、私たちが普段使用している貨幣（現預金）もまた金融資産に他ならない。銀行等の金融機関のバランスシートは、主に、貸出資産と預金負債から構成される。銀行にとって貸出は将来の収益の元となる資産であり、預金は引き出し要求に応じて返済しなければならない負債である。家計・企業にとっては銀行からの融資が負債であり、銀行預金が資産であることの裏返しだ。

また、銀行は預金の一定割合にあたる額を日銀当座預金残高として保有する義務を負う。これに加えて量的緩和政策の実施以降、各行は所要準備を超えた日銀当座預金を保有するようになっている。では、この現金・日銀当座預金残高は誰の負債なのだろうか。

結論からいうと、現金や日銀当座預金は日本銀行の負債である。または、広義の政府——中央政府、地方自治体、中央銀行とそれぞれの関連機関をあわせた統合政府の負債でもある。これは会計ルールのうえだけの話ではない。この事実を理解するために、少々戯画的な例から考えてみたい。

ある国では、それまで稲を物納させることで徴税していたとしよう。何らかの理由でこの国の政府は急に税収による稲以上の稲が必要になってしまった。そこで、新たに銭（ぜに）を発行して民間経済から稲を購入しようと思い立ったとする。しかし、何の裏付けもない金属のメダルと大事な稲を交換してくれる人などいない。そこで政府は、将来の税金を銭で納めてもよいと宣言する。すると、民間経済主体にとって新たに発行された銭は「将来その銭で税を納めることのできるクーポン券」と認識されるようになる。

貨幣が価値をもつ理由として「政府が納税の手段としている」ことを重視するのがMMT（現代金融理論）である。これを「税が貨幣を動かす（Tax Drive Money）」と表現する。[50]金や銀のような商品貨幣や金銀との交換を保証した兌換貨幣ではない不換紙幣（Fiat Money）にとって税による貨幣の駆動は欠かすことができない条件である。

ある商店が商品券（自社の商品と交換できるチケット）を発行したとき、それは商店にとっての負債として扱われる。将来のどこかの時点で、自社発行の商品券という紙切れの代わりに商品・サービスを提供する役務を負うからだ。税の銭納にも同じ性質がある。将来の納税に使用できるとして銭を発行すると、将来のいずれかの時点で稲の代わりに、政府にとっては何の意味もない金属コインが税金として納入されることになる。政府が発行する現金は政府の負債である。

このストーリーは説明のための創作ではない。歴史上、上記のプロセスを経て貨幣が誕生した国があるからだ。そう、日本である。7世紀後半から8世紀にかけての銭貨の導入と普及においては税の銭納化が重要な役割を果たした。我が国最初の公的な鋳造貨幣である富本銭(683年頃)は貨幣として流通したとはいいがたい。平城京造営の財源として期待された和同開珎(708年)も発行当初は同じ運命をたどるかにみえた。しかし、711年の蓄銭叙位令による公的な価値の付与に加え、712年には畿内とその周辺国での調銭(当時の税である「調」を銭で納めるように指示した)を通じて流通貨幣となっていく。税とのリンクが保証されることで、当時の和同開珎はその金属価値を超える価値を有するようになった。[51]

日銀当座預金の負債性

政府発行の現金が日本銀行の負債であることを理解すると、次なる課題は預金の負債性にうつる。個人にとって銀行預金が税金の支払い手段となることはいうをまたない。しかし、預金は銀行の負債であるが直接的には政府の負債ではない。政府と銀行の負債をつなぐのは銀行振込である。家計が銀行振込によって納税を行うと、家計・市中銀行・政府・日本銀行でそれぞれ何が起きるかをみてみよう。

家計は自分の銀行口座の預金残高を減らすことで税を支払う。銀行(市中銀行)は日本銀行の政府口座に同額の振込を行う。銀行のバランスシート上では預金負債の減少と自行の日銀当座預金残高の減少が生じる。負債減と資産減が同じ額だけ生じているため、銀行に負担は生じない。銀行は家計から政府への送金を仲介するだけだ。日本銀行についても同様である。日銀口座のなかで銀行の預金口座の残高を減らし、同じだけ政府口座の残高を増やす処理を行う。最終的には政府が日銀に保有している口座の残高が納税額と同じだけ増えることで、一連の納税手続きは完了する。

ここまでの家計の納税が政府の税収になるまでの道のりを整理してみよう。

〈民間部門〉

家計：税金を預金口座から支払った

　納税＝（資産の減少）預金残高減少Ⓐ

銀行：振込依頼に応えて日銀当座預金から政府口座に振込を行った

　（負債の減少）預金残高の減少Ⓐ＝（資産の減少）日銀当座預金残高の減少

〈公的部門〉

日本銀行：市中銀行口座から政府口座に振替を行った

　（負債の減少）当座預金残高減少＝（負債の増加）政府口座残高増加Ⓑ

政府：政府口座残高増という税収を得た

（資産の増加） 政府口座の残高増加Ⓑ ＝ 税収

ここで経済を民間部門と公的部門に分類しよう。民間部門（家計と銀行）を連結して考えると、家計と銀行のあいだで行われたⒶの取引は民間内で資産減と負債減が同時に発生しているので、あわせると消えてしまう。その結果、民間部門全体でみると、「日銀当座預金残高という資産の減少」によって税金を払ったことになる。

一方の公的部門はどうだろう。ここでもⒷは政府と日銀という広義の政府——統合政府のなかでの取引である。そのため、公的部門全体では「公的部門の負債である日銀当座預金残高の減少」として税収を獲得している。

ここで、先ほどの古代社会における税の銭納化を思いだしてほしい。ある年に銭を発行して稲や布を入手した政府は、将来のどこかの時点で銭というそれ自体は食べることも着ることもできない税金クーポンで税を受け取ることになる。銭という政府債務はそれが納税によって政府に回帰することで消滅した。

税の銭納とは政府債務の消滅による徴税なのだ。現代の銀行制度を前提とすると、徴税は日銀当座預金という統合政府債務の消滅によって行われる。現金と同様の政府負債としての性質をもつのは、銀行預金ではなく、日銀当座預金である。現金と日銀当座預金をあわせたものがマネタリーベースであるが、このふたつをあわせた分類が用いられてきたのは偶然ではない。

シニョリッジとは何か

現金・日銀当座預金（マネタリーベース）は政府債務である。では、マネタリーベースと国債の違いはどこにあるのだろう。これらはいずれも政府債務である。ところが、国債は政府の負債であるが日銀当座預金は負債性がないという主張をみかける。日銀当座預金という負債の返済を求められても、現金等を発行して対応すればよいのだから負債ではないという理屈のようだが理解に苦しむ。内国債の償還も現金や日銀当座預金の発行で行うことができる。それゆえに内国債も政府債務ではない——と考える者はいないだろう。債務性においてマネタリーベースと国債の間に何らの違いはない。

国債と現金・日銀当座預金の違いは金利にある。現金に利子はつかない。そして日銀当座預金の金利はゼロかごくわずかなものだ。そして、この金利差こそが貨幣発行益（seigniorage：シニョリッジ）の源泉である。自国の独自通貨をもつ国は現金や中央銀行預金を発行すれば、税を徴収することなしに財・サービスを購入できる——これが貨幣発行益であると説明されることがある。この説明は間違いではないが、正確ではない。ここまでの説明でもわかるように、国債でも同様の調達が可能だ。

貨幣発行益とは、国債ではなく、現金・日銀当座預金によって資金調達したことによる金利の節約分のことだ。例えば、1億円の現金を発行している政府は毎年1億円×金利分の貨幣発行益を獲得できる。つまりは、

ある年の貨幣発行益 ＝ 名目利子率 × マネタリーベース残高

である。日本銀行の会計でも、このように年毎に発生する貨幣発行益を収益として計上している。[52]

なお、マネタリーベースを1億円増やしたことで発生する貨幣発行益を遠い将来まで足し合わせた総額を現在時点の価値に直すと1億円となる。その意味で、現金を1億円発行すると1億円の貨幣発行益が得られるという主張は誤りではない。ただし、その1億円は発行時点で即時に得られるものではないことに注意してほしい。

この足し算を理解するには割引現在価値の知識が必要となる。1年後に1億円もらうよりも、今1億円もらう方がうれしいだろう。したがって、1年後に得られる1億円の現在時点での価値は1億円よりも低い。早めに受け取って国債で運用すれば金利収入を得られること

も、このような価値の差が生じる理由である。そのため、1年後の1億円は金利の分を割り引いて――（1＋金利）で割って評価される。例えば、国債金利が10％の状況で1億円のマネタリーベースを発行すると、その後毎年1000万円の貨幣発行益が得られる。1年後の1000万円の現在価値は1000万円を1・1で割った価値がある。2年後の1000万円は2年分割り引くので1000を1・1の2乗で割った価値がある。これを無限期先まで足し合わせると、その総額はちょうど1億円となる。[53]

財政・金融政策の新たな定義

国債とマネタリーベースの共通性をことさらに強調すると、すべての財源を貨幣の発行で賄えばよいと感じるかもしれない。また、日本銀行は金融緩和の手段として、銀行保有の国債を購入してその銀行の日銀当座預金残高を増やす（買いオペを行う）ことがある。国債という政府負債と日銀当座預金残高という政府負債を交換することに何の意味があるのか訝るむきもあるだろう。しかし、国債を発行すること、そして十分な量の流通国債が存在することには重要な意義がある。それは金利の水準を決定するという機能だ。

伝統的金融政策は市場介入によってコールレート（短期金利）を操作する。しかし、コールレートの操作は手段でしかない。最終目標は投資・消費需要の調整である。そして、投資・消費需要を左右するのは長期金利だ。非伝統的金融政策では、長期国債の金利を低下させることで、民間の長期金利を抑制して需要を刺激することを目指す。

金融緩和による金利の抑制について、金融市場の機能を低下させるといった批判が行われることがあるが、首肯しかねる。確かに、第二章2節で説明したように、短期金利動向とは無関係に特定満期の長期国債の金利だけを抑制する政策には持続性はない。しかし、低金利の長期化予想の結果として長期金利が低水準にとどまることを問題視する根拠は薄い。

自由な市場取引には最適な価格を探索する機能がある。そして、市場参加者の思惑に応じた価格変化は需給を調整するだけではなく、現時点での市場参加者のもつ情報と予想を集約している。なかでも市場金利はリスクを評価する重要な指標とされる。しかし、自由な金融取引がリスク情報を集約するというのは貸出金利や個々の社債利回りについての話だ。このような個別リスクの評価において市場は優れた機能を発揮する。一方で、長期国債利回りに集約される情報は貸し倒れリスクの評価ではない。今後の日銀の行動に関する市場予想であり、その誘導が市場のリスク評価機能を損なうことはない。

「価格に対する介入」と聞くと、経済学者・エコノミストは反射的に批判的な印象を抱く。これは私も例外ではない。各種の非伝統的金融政策への批判の少なからぬ割合がこの種のアレルギーに由来すると感じられるが、そもそも短期金利は日銀が「決めるもの」であることを忘れてはならない。

また、長短の国債金利に差がないと銀行が利益を得られないので問題だという指摘もあるが、業界の利害を代弁する以上の意義を感じない。仮に長期国債の金利が未来永劫（えいごう）0であったとしても、貸出金利が0になるわけではない。貸出先のリスクを正しく評価して、銀行・融資先相互に利益のある金利水準で貸出を行うことが銀行本来の業務である。

リスクのない短期金利と長期金利間の裁定――短期金利で資金調達をし、長期国債利回りとの差額で利益を得る銀行の活動は、満期書き換え機能と呼ばれる。しかし、クレジットカードや電子マネーなどの決済手段の多様化、フィンテックの進化によって満期書き換え機能の社会的意義は急速に失われつつある。技術進歩によってその必要性が低下した経済活動を政府が保証する必要性は薄い。また、現在の米国のように短期金利よりも長期金利の方が低い（逆イールド）になることがあるが、逆イールドを修正して銀行業の利益を確保すべきだという主張を耳にしたことはない。

金利は適度なインフレと低い失業率を達成するように決定されるべきであり、それ以外の目標はこのふたつに大きく劣後する。国債の利回りは、政府債務の規模とその内訳――政府債務に占める国債とマネタリーベースの比率から決定される。誤解を恐れず単純化すると、財政政策は政府債務の総規模を決定し、金融政策は政府債務の内訳を決めるものと整理すると理解しやすいだろう。ふたつの債務政策によって経済状態や物価を左右することを目指すのがマクロ経済政策である。

2　財政政策・金融政策の依存関係

景気対策として行われる裁量的な財政政策はその多くが公債発行を財源として行われる。一方で、短期・長期の国債の発行条件や利回りは金融政策によって左右される。また、金融政策によって現金・日銀当座預金が発行されたとき、その貨幣発行益はまぎれもない財政収入である。国債とマネタリーベースの関連性に関する整理を踏まえて、ここからはより具体的な財政・金融政策の相互依存関係を整理しよう。

相反する政策対応

財政・金融政策は相互に独立の存在ではない。その例として、最も初歩的・教科書的なものはクラウディング・アウトへの金融政策の対応であろう。政府の行動によって民間経済活動が「押し出され（crowd out）」る状況をクラウディング・アウトと呼ぶ。

国債を発行して行われる財政支出はふた通りの経路によって金利、なかでも民間の貸借に関する中長期の金利を引き上げる。

公共事業の増加は土木事業資材や建設労働者への需要を増大させる。その結果、資材価格や関連労働者の賃金に上昇圧力がかかる。今後価格が上昇していくならば、民間経済主体は現時点で資金を借り入れて各種資材を購入しておいた方が合理的だ。その結果、借入需要が増大することを通じて金利は上昇していく。このような実物経済を経由した金利上昇がクラウディング・アウトのひとつめの形態である。

金利への影響はこのような財・労働を経由するものだけではない。第二の影響経路は金融市場で生じる。国債の発行量が増加すると、その引き受け手を探すためには国債の買い手により有利な、高い利回り・金利を保証する必要がある。金融機関による貸出金利は、よりリスクの低い資産である国債の金利に連動する。その結果、企業や家計による借入金利も上昇することになる。なお、供給能力に余裕がある（需要が不足している）経済ではこのような金利の上昇そのものが生じない可能性があるが、これらのマクロの資金過不足については後に取り扱う。

金利が上昇すると消費・投資は減少する。マクロ経済学の教科書でのクラウディング・アウトは、このような政府支出の効果を一部打ち消す金利上昇のみを指すことが多い。一方で、中央銀行が金利上昇を打ち消す金融緩和をもって対応したならば、クラウディング・アウトによる財政政策の効果減殺は生じない。このように、財政政策の効果は、その後の金融政策による対応によっても左右される。

日本において財政政策と金融政策はどのような連動性をもって運用されてきたのだろう。筆者は80年代以降の日本における財政・金融両政策の関係について簡便な時系列分析によって整理したことがある。[54] 80年代の日本では、政府が拡張的な財政政策を行うとその後に政策金利であるコールレートの引き上げが、緊縮的な財政政策に対してはコールレートの引き下げが行われてきた。政府支出の拡大に対して利上げ、増税や政府支出の縮小に対して利下げをしてきたわけであるから――日本の金融政策はクラウディング・アウトを促進するように運用されてきたことになる。

日本の財政史において1980年代は財政再建期として特徴づけられる。79年に成立した第二次大平正芳内閣は、次年度予算編成にあたって各省庁との事前点検作業（サマー・レビュー）を開始し、「昭和55年度の財政事情の試算（フレーム試算）」を公開した。これらのレビューや予算フレームの提示は財政規律を保守するための手法として、現在にも連なる定番の手法となっている。1982年度予算以降は、各省庁の予算要求（概算請求）について原則伸び率0とするゼロシーリング、後には予算減額のマイナスシーリングが適用され、財政の規模は抑制されることになった。

一方で、80年代は日米経済摩擦の時代でもある。日本の大幅な対米貿易黒字が両国間の大きな懸案事項となるなかで、86年の「前川レポート」では内需拡大や市場開放を通じた日本の黒字縮小を約束・実施していくこととなる。なお、同レポートは中曽根康弘首相（当時）の諮問機関である「国際協調のための経済構造調整研究会」報告書の通称であり、名称は座長であった前川春雄日本銀行総裁（当時）に由来する。

80年代後半には一般会計歳出規模の増加ペースは高まる（同時期には税収も大きく増加しており、財政全体が緩和的となったわけではない）。抑制的または中立的な財政政策のなかで内需を拡大する手段として用いられたのが金融政策である。同期間には財政政策のかわりに金融緩和（低金利政策）による内需のテコ入れがはかられた。

同時期の経済政策は、財政政策の不足を金融緩和で埋める形で運用されていたことがわかる。財政再建が強く意識されていた80年から89年にかけてコールレートは12・7％（80年7月）から3・2％（88年5月）まで引き下げられている。財政なき内需拡大のための低金利が資産価格の高騰を招き、同時期のバブル経済の端緒となった可能性は否定できない[55]。

さらに、90年代には需要刺激が十分な効果を上げる前に財政再建のために引締に転じるというストップ・アンド・ゴー型の政策が続けられた[56]。そしてこのような尚早な財政の引締が、日本の財政状況をさらに悪化させたとの指摘もある。経済史家のアイケングリーン（Barry

Eichengreen）は近著で、

「日本の債務のＧＤＰ比を激増させたのは財政政策への過度な依存ではなく、むしろ逆である。経済が回復の兆しを見せるたびに、政府は財政の蛇口を閉めた。成長が低迷し、歳入が落ち込み、赤字比率が上昇した。[57]」

と酷評している。中途半端な財政刺激策と尚早な緊縮策のショックを緩和するために用いられたのが金融政策であった。このような整合性のない財政政策・金融政策の組み合わせでは財政健全化、経済成長いずれの目標も達成できない。

逆向きの財政・金融政策は２０００年代以降にも継続された。第二章２節で論じたように、２０００年代以降、コールレートはほぼ０の水準にはりついている。そこで、金融緩和の尺度としてマネタリーベースの変化を用いて分析すると、同時期にはマネタリーベースの拡大（金融緩和）が行われると財政収支が改善する――つまりは財政が引締気味に運営されるという関係が検出される。80年代の財政から金融へとは反対の影響経路であるが、ここでも財政・金融政策が逆方向に変化する傾向がある。

なお、金融緩和による低金利が財政規律を弛緩させるという批判が無意味なものであることはここからもわかるだろう。2000年代以降は金融緩和が進むと財政状況が改善されてきた。さらに最も金融緩和に積極的であった2012年以降の安倍政権において二度の消費増税が行われた。金融緩和による低金利が財政悪化の原因になるという批判はどのような観察事実に基づいた主張なのか全く理解できない。

問題はむしろ金融緩和が財政再建の手段のように用いられてきたところにある。当時の経済政策にとって最も重要な課題はデフレ脱却を通じた経済成長率の回復にあったはずだ。ゼロ金利政策や量的緩和によって景気が改善すると、それを奇貨として財政の改善を進めるという手法はこの大目標と矛盾している。景気回復を最優先するならば、財政政策と金融政策はともに拡張的であるべきだ。このようなちぐはぐな反応が日本経済の長期停滞を招いたということもできよう。

何が物価水準を決めるのか

2000年代の世界金融危機（リーマンショック）以降、各国が相次いで非伝統的金融政策を強化していくにつれて、財政政策と金融政策の相互関係への関心が高まっていく。そのなかで、にわかに注目されたのがＦＴＰＬ（Fiscal Theory of Price Level：物価の財政理論）と呼ばれる研究群である。ＦＴＰＬそのものは新しいモデルではないが、シムズ（Christopher

Sims）が2016年にFRBでのカンファレンスで財政を用いたデフレ脱却策として言及したこと、国内ではイェール大学名誉教授で内閣参与（当時）の浜田宏一がシムズ提案を高く評価したことでにわかに注目が集まった。FTPLを一言で要約するならば、「物価水準を決めるのは国家の信用力である」[58]となろう。

経済理論・経済モデルの進歩はかつての定番理論を特殊ケースとして含む形で進むことが多い。または、経済学者はそのような拡張を「美しい」と感じる習性があるといった方がよいかもしれない。ケインズの主著である『雇用・利子および貨幣に関する一般理論』（1936年）のタイトルも、この経済学者特有の美学と無縁ではない。ケインズ以前の主流派であった新古典派経済学を特殊ケースとして含む一般理論（General Theory）を打ち立てたという挑戦的なタイトルなのである。ちなみに、ケインズ自身はそれ以前の経済モデルを「古典派」と呼んでいるが、一般的には経済学における古典派は18世紀から19世紀中葉の主流派であったアダム・スミスやリカードらの経済学体系を指す。

FTPLに関連した諸研究も、現在の教科書で教えられる定番の物価理論を特殊ケースとして含む理論となっている。

統合政府の予算と物価

これからＦＴＰＬを正確に理解するために、数学的な議論を展開する。複雑な説明になるため、結論のみを知りたい場合には次節まで飛ばしていただいてもかまわない。ＦＴＰＬの出発点となるのが政府と日銀を連結した統合政府の予算制約である。以下では社会保険等も含めた財源の過不足を財政黒字・財政赤字と呼ぶことにする（専門論文ではプラスの財政余剰・マイナスの財政余剰と書かれることが多い）。歳出の財源が税収だけでは足りない場合には、その不足分は国債か現金・日銀当座預金――つまりはマネタリーベースの増加によって賄わなければならない。ここから、

財政赤字　＝　民間保有国債増加　＋　マネタリーベース増加

が成立する。民間保有国債とマネタリーベースの和が政府債務である。この式は財政赤字の分、政府と日銀を連結した統合政府の債務が増加するという当たり前の関係を示しているにすぎない。この統合政府債務は今年から来年にかけてどのように変化するのだろう。

来年の統合政府債務　＝　今年の統合政府債務　＋　財政赤字　－　貨幣発行益

となる。財政赤字の分債務は増えるが、一方で貨幣発行益があるためその増加は一部相殺される。

この関係は毎期必ず成り立つことに注目されたい。統合政府債務は毎年必ず「財政赤字－貨幣発行益」分増えていくのだから、

再来年の統合政府債務
＝ 来年の統合政府債務 ＋ 来年の財政赤字 － 来年の貨幣発行益
＝（今年の統合政府債務 ＋ 今年の財政赤字 － 今年の貨幣発行益）
＋ 来年の財政赤字 － 来年の貨幣発行益

である。このような代入を再再来年、4年後、5年後と続けていくと……

X年後の統合政府債務
＝ 今年の統合政府債務 ＋ 今後の財政赤字累計額 － 今後の貨幣発行益累計額

となる。ただし、異なる時点での価値を考える際には物価指数による実質化、割引現在価

値化が必要である。将来の債務残高が1京円になるとしても、そのときの物価や、どのくらい先の話なのかによって深刻さの度合いは変わってくる。上記の関係は各時点の金額を物価で割ったり、割引現在価値計算を行っても変わらない。各時点の債務残高・財政赤字・貨幣発行益を物価で割って実質化するとともに、割引現在価値に直すと、

X年後の債務（実質・現在価値）
＝今年の債務（実質）
＋X年後までの財政赤字累計（実質・現在価値）
－X年後までの貨幣発行益累計（実質・現在価値）

となる。ここで割引現在価値計算を思いだそう。割引現在価値は1年後であれば（1＋金利）、N年後であれば（1＋金利）のN乗で割ることで求められる。

では、十分遠い――無限期先の実質債務の現在価値はいくらになるのだろう。まずは今年と1年後の債務残高について考えてみよう。現在債務残高は100兆円、金利は10％だとする。来年の債務が10％以上増えて120兆円になるならば、その現在価値は109（≒120÷1・1）兆円と今年の債務残高よりも大きくなる。一方で、債務の増加が10％未満の1

05兆円ならば、その現在価値は95兆円と来年の負債残高の現在価値は今年の負債よりも小さくなる。N年後の債務残高の現在価値は（1＋金利）のN乗で割って求められる。すると、N年後までの債務増加率が金利よりも低いならば、その現在価値は今年の政府債務よりも小さいものになる。この関係を無限期先まで考えると、債務の増加率、つまりは増加スピードが金利よりも低いならば無限期先の債務の現在価値は0になることがわかる。

一方で、統合政府の債務が金利を上回るスピードで増大していくならば、遠い将来の債務残高の現在価値は無限大となる。これから日本において、統合政府債務の増加率と金利のいずれが低くなるかについては議論があれど、ひとまずは統合政府の債務増加スピードが（1＋金利）よりも低いと仮定して議論を進めよう。この仮定が満たされない状況は3節で議論することにする。金利よりも債務増加率が低ければ、（1＋金利）を無限回かけたもので割った実質債務の現在価値は0に収束する。すると、

0　＝　今年の統合政府債務（実質）
　＋　無限期先までの財政赤字累計（実質・現在価値）
　－　無限期先までの貨幣発行益累計（実質・現在価値）

〈統合政府の長期予算制約式〉

$$\frac{\text{現在の統合政府債務}}{\text{物価}} = \text{将来財政黒字の実質現在価値} + \text{将来ＭＢ増加額の実質現在価値}$$

〈ＦＴＰＬによる物価決定式〉

$$\text{物価} = \frac{\text{現在の統合政府債務}}{\text{将来財政黒字の実質現在価値}+\text{将来ＭＢ増加額の実質現在価値}}$$

となる。この式を整理すると、いよいよ物価の決定式を得ることができる。今年の統合政府債務の実質値とは、現在の統合政府債務を現在の物価で割ったもののことだ。字数の節約のため、「無限期先までの累計額（実質・現在価値）」を「将来○○の実質現在価値」と書くと、

$$\text{現在の統合政府債務} \div \text{現在の物価} = -\ \text{将来財政赤字の実質現在価値} + \text{将来貨幣発行益の実質現在価値}$$

となる。ようやく結論だ。財政赤字にマイナスをつけたものは財政黒字に他ならない。そして、現在から将来への貨幣発行益、つまり貨幣発行益総額はマネタリーベース（ＭＢ）の増加と等しい。その結果、ここまでの式は上の〈統合政府の長期予算制約式〉にまとめられる。

貨幣主導と財政主導

〈統合政府の長期予算制約式〉が示す内容は単純である。現時点の統合政府債務は将来の財政黒字か貨幣発行益のいずれかで賄われるという関係にすぎない。この基本式だけをみると、現時点での債務を全部返済して債務残高を0にすると主張しているように思われるかもしれないが、それは誤りである。あくまで、遠い将来の実質債務残高の割引現在価値が0になるという意味だ。債務残高そのものは増加していてよい。ただし、その増加スピードが金利よりも小さいという条件を課しているだけだ。

〈統合政府の長期予算制約式〉において現時点での統合政府債務（民間保有の国債残高やマネタリーベースの値）は過去の実績によって決まってしまっている。これから変化しうる、または変化させうるのは、

・物価
・将来財政黒字の実質現在価値（今後の財政政策方針）
・将来マネタリーベース増加額の実質現在価値（今後の金融政策方針）

となる。物価は、財政当局（政府・財務省）と中央銀行（日本銀行）の行動の組み合わせ次

第で、以下の三つのいずれかの論理で決定される。

第一が中央銀行が現在・将来の物価目標達成にむけて金融政策を行い、結果として貨幣発行益が定まるという状況だ。このとき、財政当局は金融政策によって決まった物価と貨幣発行益を踏まえて、〈統合政府の長期予算制約式〉を満たすように財政政策を行う。今後の金融政策方針が物価を決めることになるため、このケースは貨幣主導（Monetary Dominance）と呼ばれる。

逆説的になるが、財政当局が長期的には財政を均衡させ、既発の国債は増税や歳出のカットによって償還する——または政府がそのように行動することを民間が確信している場合には物価決定は貨幣主導になる。つまりは、財政当局が長期的な財政均衡を中心に政策を遂行する場合には、物価は日本銀行のコントロールするところとなるわけだ。

第二のパターンは財政当局が〈統合政府の長期予算制約式〉を気にすることなく、景気の動向や政治的要請に応じて財政黒字・赤字の規模を選択する、または家計・企業がそのような政府行動を予想している場合だ。このとき、中央銀行は統合政府の債務残高と将来の財政黒字（赤字）見込み額との差をマネタリーベースの発行によって補うことになる。財政赤字を貨幣発行でファイナンスするというわけだ。これを財政主導（Fiscal Dominance）という。

このような状況での物価は中央銀行が望む水準になるとは限らない。財政当局の財源不足を賄うために、いわば受動的に、発行したマネタリーベースの規模に応じて物価が決定されることになる。

ここまでのふたつの状況では、結果的には、マネーに関する政策が物価を決定している。違いは、金融主導経済では中央銀行が望む物価水準を達成するために各種金融政策を実施しているのに対し、財政主導経済では財源不足への対応として中央銀行が受動的に発行したマネタリーベースの量に応じて物価が決まるという点である。

ここで第三のパターンが、財政当局・中央銀行ともに〈統合政府の長期予算制約式〉を気にすることなく将来の財政赤字・黒字やマネタリーベースの供給量を決定するという場合である。例えば、財政当局は財政収支を気にせずに政策実行のための支出を行い、中央銀行は目標とする金利水準の堅持を目指して金融政策を進めるといったケースだ。このとき、等式を成り立たせるために動くことができるのは物価だけとなる。このような物価決定方式がFTPLである（ここまでの議論全体をFTPLと呼ぶこともある）。

〈FTPLよる物価決定式〉において物価を上昇させる方法のひとつが、分母である「実質財政黒字（現在価値）」の縮小である。将来の財政黒字が小さくなる、または赤字になるならば物価は上昇する。この関係は、政府が財政収支について無責任になることで現時点の物価を上昇させられるという主張につながる。そして、財政当局の意思決定こそが物価を決定するという意味で物価の「財政」理論になるわけだ。

FTPLから何を学ぶか

政府の予算制約に責任をもつのは、財政当局か中央銀行か。FTPLはその役割分担によって物価の決定方式が異なることを示した。財政当局の信用が高い場合には、物価は中央銀行の方針にしたがって決定される。中央銀行が財政に対して責任をもつ場合には、財政赤字の動向に応じてマネーが供給され、結果として物価が定まる。財政当局・中央銀行がともに政府の予算制約を気にしないならば〈FTPLによる物価決定式〉によって物価が定まる。

一方で、現実の経済政策を考えるとFTPLによる場合分けはやや極端に過ぎる面がある。財政状況に全く頓着しない財政当局はいないだろう。そして、常に均衡財政を守ることのみを考えて行動する財政当局も想像しづらい。現実の財政政策は景気動向をみながら景気と財政均衡のどちらを優先するかを各時点で選択しつつ行われる。これは中央銀行についても同様だ。その意味で、現実の物価は三つのパターンの間を移り変わりながら決定されているのではないだろうか。財政・金融政策と物価動向の関係を考える際には、各時点での財政当局・中央銀行の政策姿勢、そして市場・民間経済主体が財政当局・中央銀行についてどのような予想をもっているかに注目していく必要がある。

一方で、政府が長期にわたる低インフレやデフレの解消を目指す場合には、財政当局と中央銀行は自らの政策姿勢を明確にしていく必要がある。そのひとつが、本節の冒頭で言及したシムズ提案である。非伝統的金融政策をさらに強化することができない場合には、財政政策を変化させることで物価を変化させることもできる。

現在の日本政府が明確な財政再建方針を堅持しているのか、または堅持していくべきなのかには議論があり、貨幣主導（Monetary Dominance）状況であるということはできない。一方で、財政赤字の穴埋めのために金融政策を行うという方針を現時点の日本銀行が認めているとはいいがたい。したがって、経済は財政主導（Fiscal Dominance）状況と言い切ることも難しい。ここから、現在の日本についてはＦＴＰＬ的な状況にあると指摘されることがある。〈ＦＴＰＬよる物価決定式〉において物価を左右できるのは「実質財政黒字の現在価値」である。金融政策だけでは退治できないデフレに対しては、財政政策も動員しての物価対策が求められる。

ただし、ＦＴＰＬの議論の大前提となっているのが、遠い将来の統合政府債務に関する条件だ。〈統合政府の長期予算制約式〉を導く過程で用いた「実質債務増加スピードが実質金利よりも低い」という条件は、財政の維持可能性と密接に関連している。

3　財政の維持可能性をめぐって

財政政策・金融政策の基本構造、そして両者の連動性を説明したうえで、論点は再び財政の維持可能性へと回帰する。マクロ経済政策の二大目標は、失業の抑制とインフレ率の安定化である。財政の長期的維持が可能であれば、失業が発生する需要不足環境下では財政支出をさらに拡大すべきであるし、財政・金融政策の組み合わせによって目標とするインフレ率に誘導することができる。いわば、本書でこれまで進めてきた議論の多くが暗黙のうちに財政が維持可能であることを前提にしている。

本節では、財政の維持可能性条件の解説を通じ、日本の財政が破綻する可能性は低いこと、そのうえで財政の黒字化を達成するための「緊縮」を急ぐことは財政破綻以上のリスクを日本経済にもたらす可能性があることを指摘したい。

財政破綻とは何だろう

「日本の財政はすでに破綻している」、「このままでは日本の財政は破綻する」といった財政破綻論を耳にする機会は多い。しかし、センセーショナルな主張にもかかわらず、その議論のなかで財政破綻の定義が明確にされることは稀である。

民間企業であれば、その倒産・破綻を想像することは容易だろう。負債の返済不能（デフォルト）になったならば、その企業は倒産する。一方で、自国独自の通貨をもち、自国通貨を単位とする国債を発行し、国内経済主体がこれを保有する政府の破綻とは何のことなのだろう。その状況を想像することは困難だ。突然100兆円の国債の返済を求められたとしても、政府は100兆円の国債を発行して対応する（借り換える）、償還額を日銀当座預金残高に振り込む（オンライン上の数字を増やす）、100兆円の現金を発行する（札を刷る）いずれかの方法で対応できる。

2002年に財務省が発表した「外国格付け会社宛意見書」においても、「日・米など先進国の自国通貨建て国債のデフォルトは考えられない。デフォルトとして如何なる事態を想定しているのか」と反語的に言及している。[59]自国通貨建ての国債が返済されない状況になるのは、財政当局が意図的にデフォルトを選択する場合に限られる。

したがって、日本や米国における「財政破綻」は民間企業や途上国のデフォルトとは別の方法で定義されなければならない。ここでは、「明らかに財政破綻である」とみなすことができる状況から考えていこう。

その第一が借り換えや貨幣発行によって形式上は返済ができたとしても意味がない状況

──例えば、国債や現金といった統合政府の債務が無価値になる場合である。

ここまで説明してきたように、現金・日銀当座預金・国債はいずれも統合政府の債務である。そのため、自国通貨建て国債が無価値になっても現預金には価値がある、または現預金は無価値だが国債には価値があるという状況はありえない。現預金に価値があるならば、現預金を受け取る権利である国債が無価値になることはない。そして、現預金に価値がないならば、それを受け取る権利である国債の価値はない。財政当局が自国通貨建て債務のデフォルトを選択するのは、現金・国債の価値がともに大幅に低下し、無価値な国債を償還するために無価値な現金を発行してもインフレを加速する効果しかないケースである。

現預金が無価値化する──つまりは何百万円を積んでもコーヒー1杯飲めなくなる状況を一般的にハイパーインフレと呼ぶ。ハイパーインフレには様々な定義がある。経済学では月次のインフレ率が50%を超える状況（物価が1年間で130倍になる）との定義が用いられることが多い。年に物価が100倍になるような状況は財政破綻といってよいだろう。すると、明らかにハイパーインフレではないならば、財政は非常に特殊な意味ではあるが、維持されているととらえることもできる。

ここで、前節のＦＴＰＬに関する議論を思いだそう。現金・日銀当座預金残高・国債をあわせた統合政府の債務の増加率が金利よりも低ければ、物価は中央銀行と財政当局の行動に

よって決定される。つまりはハイパーインフレには至らない。ここから、

【財政維持の条件①：横断性条件】

政府債務の増加率が金利よりも低い状態が維持されるならば財政破綻ではないと考えることもできる。この条件を横断性条件という。ただし、条件①が満たされていないからといって必ずハイパーインフレになるとは限らない点には注意が必要である。一方で、政府債務の増加率が金利より低く、遠い将来の政府債務の割引現在価値が0になるならば健全財政であると言い切ることもできない。つまり、条件①は財政破綻・維持に関する条件として完全なものではない。財政破綻・維持は複数の条件から考えていく必要がある。

発散と収束

もうひとつの代表的な財政破綻・維持の定義は政府債務とGDPの比率に注目するものだ。国際機関では、現在の政策を維持不可能になる――税・社会保障やその他の政策を抜本的に変更せざるをえなくなる状況を財政破綻と呼ぶことがある。厳密な数値による定義とはいえないが、政府債務の対GDP比（債務残高÷GDP）が拡大し続けるならば、いずれかの

時点で利払い費が歳入額を超えることとなり、税制やその他の経済政策は大幅な変更を余儀なくされるだろう。税制が一定ならば政府の歳入はGDPに比例するからだ。

変数が増加しつつも、その増加が次第に頭打ちになって一定の値に落ち着いていくことを「収束」という（151頁3―1a）。一方で、変数が増加率そのものが上昇して加速度的に増加していくのが「発散」である（151頁3―1b）。債務残高のGDP比が発散するならば、財政は破綻するといってよい。以下では簡単化のために、政府債務はすべて国債であると想定して説明を進める。ここまでのように統合政府債務で考えても議論の大筋は変わらない。日銀当座預金残高の金利は平均的な国債金利よりも低いため、統合政府債務残高の増加率は以降の説明よりも低くなる。

毎年の政府の歳入・歳出のうち、国債発行収入や国債償還支出を除いた歳入・歳出の差額――おおまかには税収と政策のための財政支出の差額をプライマリ・バランスと呼ぶ。まずは、プライマリ・バランスが赤字でも黒字でもないケースから考えよう。プライマリ・バランスが0のとき、新規の国債発行は行われず、利払い以外の国債償還も行われないことになる。日本では、プライマリ・バランスが赤字の場合でも国債の繰り上げ償還を行うという無意味なルールがあるが、その償還のために国債を発行しているため、以下の論理に変更は生じない。

元本の返済も新規の借入もともに行われないときには、国債残高は毎年金利の分だけ増加していく。一方でGDPやそれと比例する税収は経済成長率分増加していく。国債残高の増加スピード（金利：r）よりも、経済成長率（g）が高いならば国債残高の対GDP比が無限に発散することはない。ここで、国債残高の対GDP比が発散することを財政破綻、収束する場合を財政が維持されたととらえるならば、財政維持について第二の条件が導かれる。

【財政維持の条件②：ドーマー条件】
国債金利よりも経済成長率が高い（r－g＜0）ならば財政は破綻しない

さらに重要なことは、この条件は現時点での債務残高対GDP比や、今後のプライマリ・バランス赤字がいくらであっても変わらないことにある。3―1aは初期の政府債務の対GDP比が100％、金利1％、成長率2％、プライマリ・バランスの赤字が2％の場合の国債残高対GDP比の推移を示している。この場合、政府債務の対GDP比は200％を少し超えた水準で安定する。ちなみに、初期の政府債務の対GDP比がいくらであっても（100％であっても！）、長期的な国債残高対GDP比が長期的に到達する水準、つまりは、収束先は変わらない。

一方で、利子率が成長率を上回る場合にはプライマリ・バランスが黒字であっても国債残高の対ＧＤＰ比は無限に向けて発散していく。３―１ｂは金利３％、成長率１・５％の際の国債残高対ＧＤＰ比を示したものだ。プライマリ黒字にもかかわらず、債務比率は加速度的に増大している。このような債務対ＧＤＰ比の発散を防ぐためには、利払い費と経済成長率の差をカバーするだけの大幅なプライマリ・バランスの黒字を出し続けるしかないが、後述のように、そのような大幅な財政黒字は実体経済に大きな負担となる。

国債残高対ＧＤＰ比の推移

３―１ａ　利子率１％、成長率２％、財政赤字２％

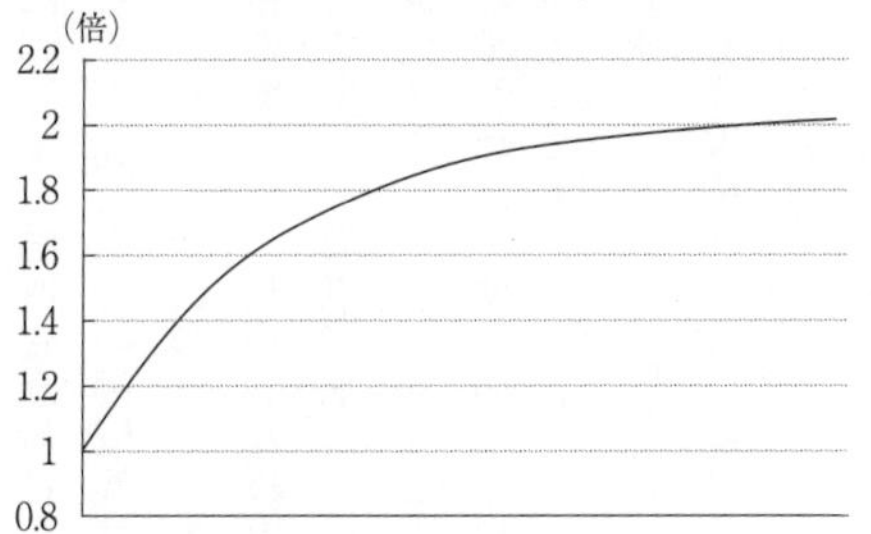

３―１ｂ　利子率３％、成長率1.5％、財政黒字１％

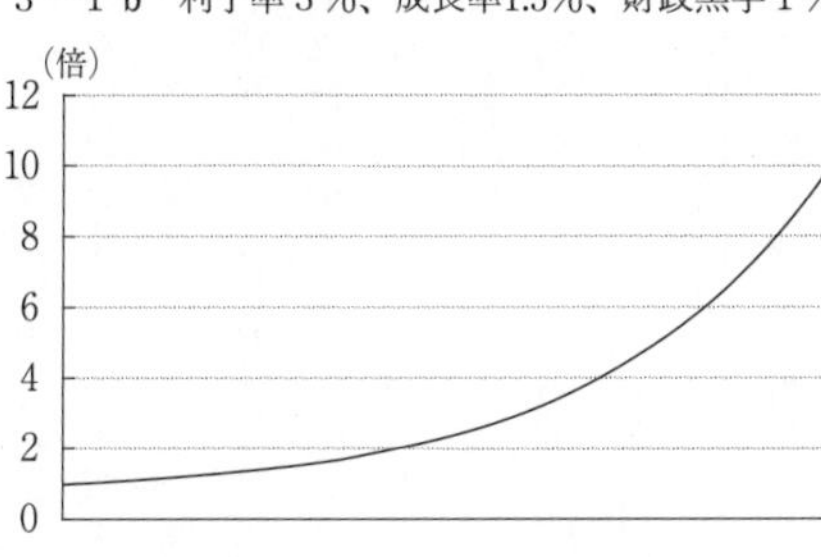

国債残高の対ＧＤＰ比が発散するか収束するかは、国債金利（ｒ）と経済成長率（ｇ）の大小関係のみから決定される。プライマリ・バランスのＧＤＰ比が影響するのは、収束先――長

期的に到達する国債残高対GDP比の水準だけだ。

そして、現時点での国債残高の対GDP比は発散・収束条件にも収束先の水準にも影響しない。これは、今次のコロナショックで生じたような一時的な財政赤字によって発生した政府債務の増加が、長期的な政府債務残高対GDP比には影響しないことを示している。これは極めて重要な論点である。経済成長率が金利を上回る環境では、一時的な政府債務増加は将来世代に「ツケ」を残すことはない。コロナショックによって増大した政府債務を元の水準に戻すために必要なのは増税でも歳出の抑制でもない。時間の経過のみである。

念のために以上の関係を次頁の式を参照しながら数学的にも確認しておこう。国債残高対GDP比（以下、国債GDP比）の分母はGDP、分子は国債残高である。GDPは経済成長率（g）で増加していく。そして国債残高は金利（r）にプライマリ・バランス（PB）赤字を加えた分だけ増加する。ここから、今年と来年の国債GDP比の間には（1）のような関係があることがわかる。

次に、「来年の国債GDP比−今年の国債GDP比」が「国債GDP比の変化」であることに注目しよう。（1）式の両辺から今年の国債GDP比を引くことで、（2）式が得られる。ここからも国債GDP比の変化にとってrとgの大小関係が重要であることがわかるだろう。なお、国債残高の対GDP比が大きくなるにつれて、第二項であるPBのGDP比の影響は

来年の国債 GDP 比

$$= \frac{(1+r) \times \text{今年の国債}}{(1+g) \times \text{今年の GDP}} + \frac{\text{今年の PB 赤字}}{\text{今年の GDP}}$$

$$= \frac{(1+r)}{(1+g)} \times \text{今年の国債 GDP 比} + \text{PB 赤字 GDP 比} \cdots\cdots (1)$$

国債 GDP 比の変化

$$= \frac{(r-g)}{(1+g)} \times \text{国債 GDP 比} + \text{PB 赤字の GDP 比} \cdots\cdots (2)$$

相対的に小さくなるため、収束するか否かにプライマリ・バランスの値は影響しない。

債務の維持可能性にとって、決定的に重要なｒとｇの関係――ｒよりもｇが大きいならば、債務の対ＧＤＰ比は収束するという条件は、日本ではドーマー条件と呼ばれる。

ただし、その名前の由来であるドーマー（Evsey D. Domar, １９１４～１９９７）がこのような条件を示した事実はない。ドーマーの１９４４年の論文では「国債発行がＧＤＰの一定割合に留まるならば、国債残高の対ＧＤＰ比は一定の値に収束し、財政破綻は生じない」と主張されている。海外ではこれをドーマーの定理、またはドーマー条件と呼ぶ。オリジナルのドーマーの定理を、米原淳七郎・荒憲治郎両氏が金利を含めた現在の形に整理し、大蔵省が１９８２年から84年にかけてこれを「修正ドーマー条件」と呼ぶようになり――その後、「修正」の語句が落ちて、日本国内では「ドーマー条件」と呼ばれるようになったという不思議な経緯がある。[60]

ふたつのr－g

ドーマー条件は金利（r）と経済成長率（g）というふたつの値の大小が財政の破綻・維持にとって大きな分かれ道となることを示している。このふたつの文字に見覚えがある方も多いだろう。世界的なベストセラーとなったトマ・ピケティ（Thomas Piketty）著『21世紀の資本』（みすず書房、2021年）の最大の論点は超長期の歴史的データを整理した結果、多くの時期で「r＞g」であること、つまりは、財産からの収益率・利回り（r）は経済成長率（g）よりも高いというものであった。

「r＞g」ではドーマー条件は満たされない。では、やはり大幅なプライマリ・バランスの黒字を計上し続けることなしには財政は維持できないのだろうか。

ここで注意しなければならないのは、ピケティのrは「資産の平均的な収益率」であり、ドーマー条件のrは「国債（または日銀当座預金を含む統合政府債務）の平均的な利回り」であるという点だ。ここを混同してはいけない。円を単位とするなかで最もリスクが低い資産は国債・日銀当座預金等の政府債務である。したがって、その利回りは円建て金融資産のなかで最も低くなる。極論をいえば、日本国債や日銀当座預金・現金のリスクはハイパーインフレによる無価値化にある。「円」が無価値化しているなかで、価値を維持する円建ての金

融資産は考えづらいだろう。そのため、「ドーマー条件のｒ」は「ピケティのｒ」よりも必ず小さくなる。そのため、

ドーマー条件のｒ＜経済成長率ｇ＜ピケティのｒ

という状況では双方の議論は矛盾なく両立しうる。また、歴史的には、日本を含む主要16ヵ国について1870年から2015年までの長期データを概観すると、多くの期間で、右の不等式が成立している。[61]

では、これからの先進国経済においてドーマー条件は成立するのだろうか。ブランシャール（Oliver Blanchard）の『21世紀の財政政策――低金利・高債務下の正しい経済戦略』（日本経済新聞出版、2023年）は債務の維持可能性とこれからの財政政策の指針を示す好著である。同書ではドーマー条件における債務の維持可能性について、ｒよりもｇが大きい状況が続く可能性が高いことを指摘している。米国では2000年以降、成長率が金利を上回る状況が続いている。米国は急速に短期金利を引き上げてきたが、それは急激なインフレに対応するための措置である。そのため、名目成長率もインフレ率に応じて上昇している。

先進国で金利よりも成長率が高くなる傾向は第二章3節の自然利子率――経済の供給能力

に見合う需要が生じる金利水準の低下と密接に関係している可能性もある。単純化すると、金利水準を自然利子率にできる限り近づけることが金融政策の役割である。目標とすべき金利水準が低いことから、経済成長率が金利を上回る可能性は高くなる。

一方で、日本の金利（10年物国債利回り）と経済成長率をみると、2000年代にはrがgを上回る状況が続いていた。2000年から2011年の間に日本経済は5回ものマイナス成長――名目成長率の増加率がマイナスになる年を経験している（3―2）。名目の長期金利はマイナスになることはできない。マイナス成長は必然的に金利＞成長率の状況を生み出すことから、デフレによる名目成長率の低下は財政に危機をもたらすことがわかる。一方で、金融政策の大幅な転換が行われた2013年以降にはコロナショックによる2020年のマイナス成長を除き、安定的に成長率は金利を上回る状況が続いている。

適切な金融政策は財政の維持にとっても重要な条件となる。金利と成長率に関するドーマーの条件から財政の維持可能性を考えるにあたっては、いかにして金利を経済成長率以下に抑えるかという金融政策の問題、いかにして金利を上回る経済成長を達成するかという成長戦略の問題が重要となろう。

ドーマー条件を超えて

3－2　日本の経済成長率と金利（10年物国債）

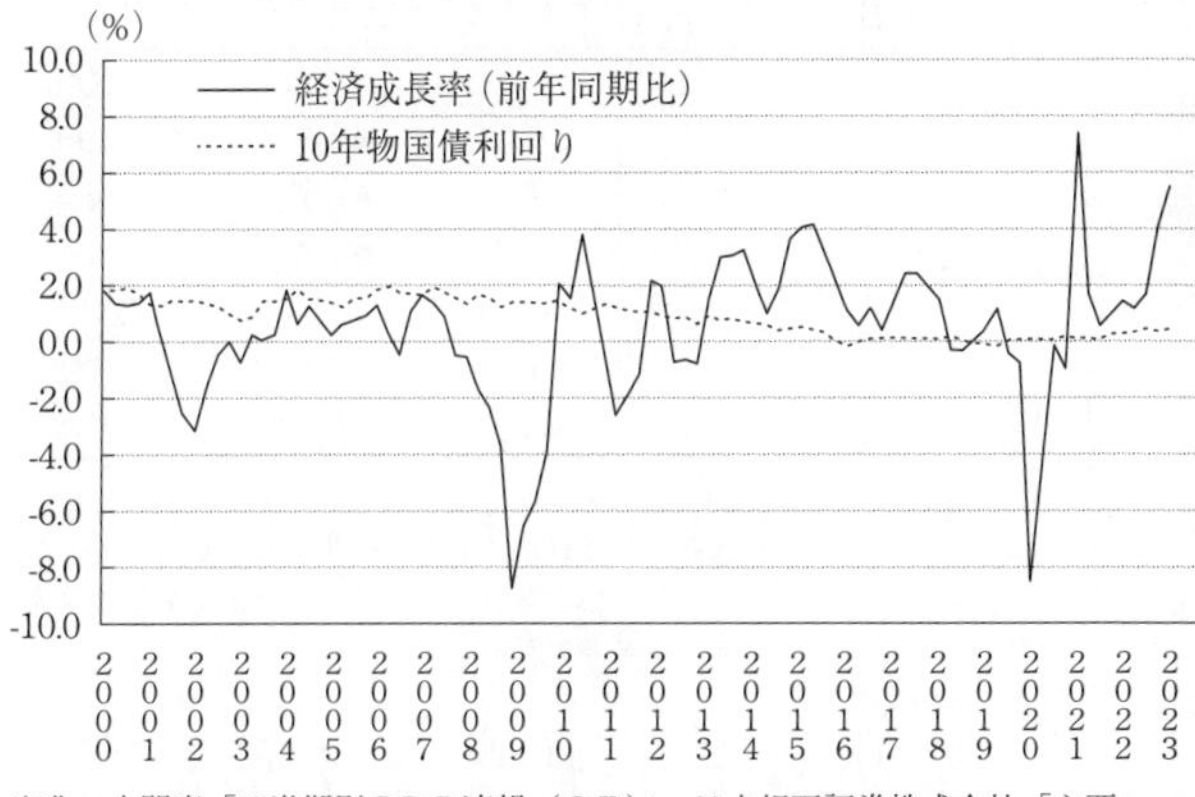

出典：内閣府「四半期別ＧＤＰ速報（ＱＥ）」、日本相互証券株式会社「主要レート推移」2023年8月

一方で、ドーマー条件だけを財政維持の指標とすることを疑問視する声は多い。ドーマー条件が満たされ、政府債務のＧＤＰ比が一定の値に収束するとして――はたして遠い将来に政府債務がＧＤＰの１００倍になっても財政は破綻していないといってよいものなのだろうか。それでよい、という見解もありうるが、少々極端な意見だろう。ただし、政府債務がＧＤＰの何倍になったら問題なのかについての統一的な見解はない。先進国、なかでも日本の場合には政府債務は民間資産でもあるからだ。

現在の日本国債残高の対ＧＤＰ比はグロスの債務ベースで２２０％ほどであるが、現時点で日本国債は順調に売買されている。そして、日銀保有分以外の国債もその多くが日本国内の経済主体によって保有されている。したがって、

3—3　国債残高対GDP比の維持に必要なプライマリ・バランス対GDP比

	r－g	250%	350%
r<g	1.0%	▲6.07%	▲11.89%
	0.5%	▲3.05%	▲5.98%
	0.2%	▲1.22%	▲2.40%
r>g	▲0.2%	1.23%	2.41%
	▲0.5%	3.08%	6.03%
	▲1.0%	6.19%	12.13%

註：▲はプライマリ・バランス赤字。数値は金利2％として経済成長率を変化させて算出しているが、その他の金利・成長率のケースでも数値は大きくは変わらない

現状と大きく変わらない債務対GDP比によって財政運営が急に不可能になる可能性は低い。では、様々な金利と成長率のもとで、250％の国債残高対GDP比を維持するために必要なプライマリ・バランスの赤字／黒字ラインはどの程度の水準になるのだろう。

「国債残高対GDP比が長期的に安定する」とは国債残高対GDP比が変化しなくなるという意味だ。そこで153頁（2）式の「国債対GDP比の変化」に0を代入すると、一定の国債残高対GDP比を維持するために必要な金利、成長率、プライマリ・バランスの関係式が導かれる。

3—3は一定の金利下で、国債対GDP比を安定化させるために必要なプライマリ・バランスの大きさを整理したものだ。経済成長率が金利を0・5％上回る状態ならば、プライマリ・バランスは3％ほどの赤字のままでも現状とほぼ同水準の国債残高対GDP比を維持することができる。これは2014年から2015年頃のプライマリ・バランス水準に等しく、現在の財政構造を維持したままでも十分に達成可能な財政改善目標である。ちなみに、現状

よりもやや高い国債残高対ＧＤＰ比——例えば３５０％の国債残高対ＧＤＰ比になった後にその対ＧＤＰ比水準を維持できればよいと考えるならば、金利よりも成長率が０・５％高い状態でおよそ６％のプライマリ・バランスの赤字でも財政は維持可能という結論となる。

もちろん、ドーマー条件が満たされない——金利が経済成長率を上回り続ける状況で国債残高対ＧＤＰ比を安定させるためにはプライマリ・バランス黒字が必要となる。しかし、現時点で日本経済は金利よりも成長率が高く、先進各国においても長期的に金利水準が成長率を上回り続ける兆候はみられない。

一方で、所得水準の高さや人口構成が中高年層に偏っていることから、先進各国内での（政府債務という）資産への需要は旺盛だ。この傾向は特に日本において顕著である。現代の先進国経済では、政府こそが第二章３節で示唆した「信頼ある債務者」として金融資産の存在を支えている。政府以外の信頼ある債務者が不在のままで、政府負債を縮小することは民間の経済活動に必要な金融資産の不足を通じて、経済に悪影響を与えかねない。

このような状況で「もしものときのために」「将来に備えて」プライマリ・バランスの黒字化を急ぐことは、むしろ、それ自体が経済にとってのリスク要因となる。なぜならば、増税や財政支出の縮小は経済成長率を低下させるからだ。経済成長率の低下は税収の減少をもたらすことで、プライマリ・バランス黒字の維持をさらに困難にさせるだろう。一方で、長期金利に低下の余地が乏しいなかで経済成長率が低下すると金利－成長率のプラス幅が拡大し、さらなるプライマリ・バランス黒字なしでは財政を維持できなくなる。

誤ったタイミングでの緊縮財政は、自己実現的に、さらなる緊縮財政の必要性を高めることになる。90年代から2000年代にかけての日本が尚早な財政引き締めによって財政を悪化させた例にもみられるように、財政に関する「慎重な姿勢」は財政再建を遠のかせる可能性すらある。緊縮財政によってインフラの整備・回収は遅れ、経済成長率は停滞し、それでもなおさらなる緊縮財政が求められる状況を招くことこそ最大の「次世代へのツケ」なのではないだろうか？

金利＞成長率の可能性

現在の主要国の経済状況において、金利が継続的に成長率を上回る可能性は低い。このような主張に対しても「そのリスクはゼロではなく、仮に金利が成長率を上回ったときには大変なことが起きる」という主張もありうる。しかし、どのような「大変なことが起きる」のだろう。ここで、自然利子率にあわせて長期金利を低く抑制し続ける状況で金利が成長率を上回るとはどのような状況なのかを整理してみたい。

第一に思い浮かぶのは、インフレが昂進して金利を引き上げざるをえなくなるというケースかもしれない。しかし、これは誤解である。金利と成長率を比較するときには「名目金利と名目成長率」または「実質金利と実質成長率」を比較しなければいけない。インフレの抑制のために名目金利を引き上げなければならないというとき――インフレによって名目成長率（＝実質成長率＋インフレ率）も同時に上昇している。

ちなみに、２０２１年以降の米国ではインフレに対応した短期金利の引き上げによって、長期金利も上昇した。２０２３年８月時点での米国10年債利回りは４・１％前後である。その一方で、２０２２年の米国の名目成長率は10・７％、２０２３年もこれに近い名目成長率が予想されている。インフレ対応のための急速な利上げが必要な状況では、名目成長率はそれ以上に上昇する。

次に考えうるのはサンスポット（sun spot）均衡またはサドンストップ（sudden stop）と呼ばれる突発的な金利上昇の可能性である。何らかのきっかけで、債券市場で投資家が一斉に売りにまわり債券価格が下落（金利が上昇）する。途上国などではこのような突発的で、ときに投機的な金利上昇によってデフォルトに陥る例もある。しかし、このようなパニックによる金利上昇はそれまで十分に健全な財政状況を維持していても発生する。ブランシャールらの研究では債務残高がＧＤＰの10分の１以下であっても、このような突然の金利上昇は発生しうるとされる。[62]

パニックそのものを防ぐことは事実上不可能である。ショックや噂によって発生した突発的な金利の上昇に対しては、日本銀行による国債の買い入れによる金利抑制や政府のアナウンスメントによって事後的に対応していくしかない事態だろう。

もうひとつの、そしてより根本的な金利と経済成長率の逆転が起きるのは――低い自然利子率を支えてきた諸条件が崩れた場合である。我々が知ることのできる自然利子率は一定の理論的仮定に基づく推計値にすぎない[63]。現時点の自然利子率さえ正確にわからないのだから、将来の自然利子率を予想するのはさらに困難である。低下傾向にあるとされる自然利子率が将来のどこかの時点で上昇に転じることもありえないわけではない。

例えば、何らかの理由で高い収益の見込める投資プロジェクトが発見され、社会に豊富な投資機会が生じたならば――自然利子率は上昇に転じるだろう。自然利子率が上昇する状況で、現在と同水準の、低い長期金利を維持することはできない。一方で、有望な投資プロジェクトの登場が即時に高い経済成長率に結びつくわけではない。そこにはラグが生じる。このとき、避けがたい「金利>成長率」の状況が発生することになる。

しかし、有望な投資プロジェクトが増加した（しすぎた）ことで金利が上昇する――これは非常によい状況なのではないだろうか。さらに、このような好景気には税収状況も大きく改善する。3―4は2000年代以降の日本のプライマリ・バランス状況である。2000

3―4　プライマリ・バランス対GDP比の推移

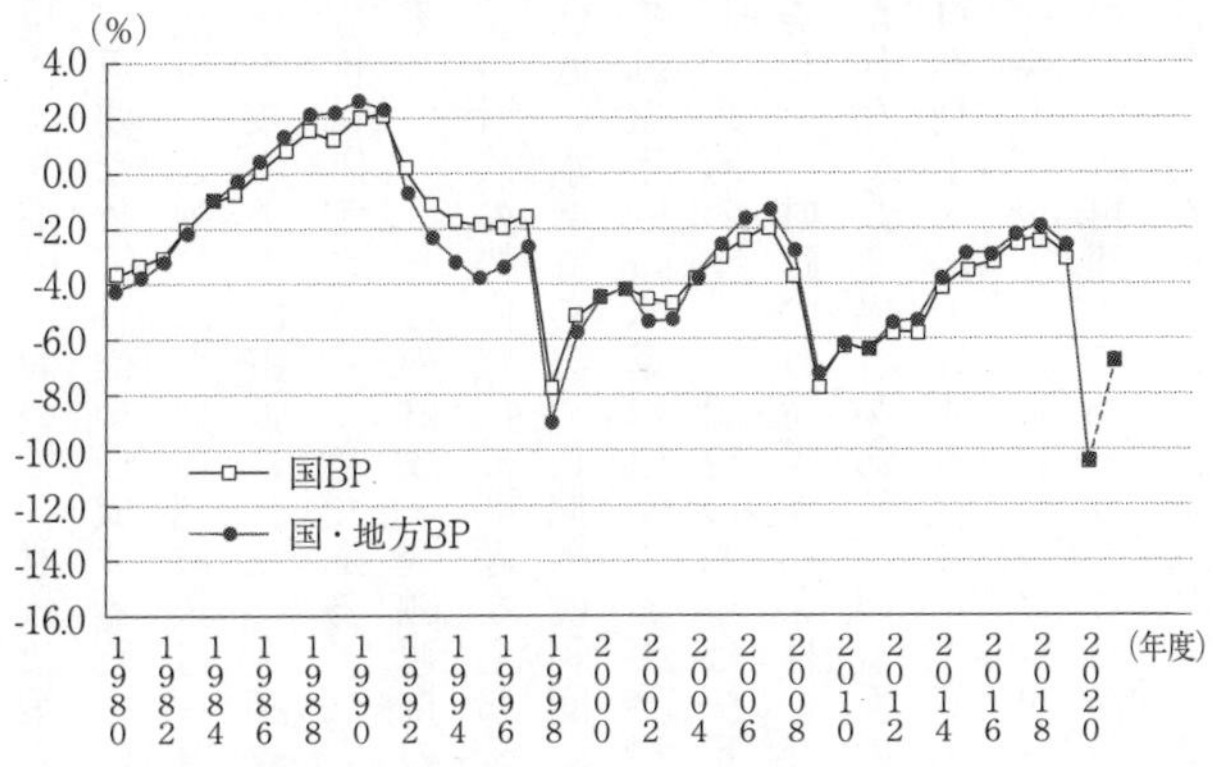

出典：財務省『日本の財政関係資料』各年

年代中葉、そしてアベノミクス以降にはプライマリ・バランス赤字は大きく縮小している。ごく控えめな景気回復でさえプライマリ・バランスの動向を大きく変化させたのだ。２０１２年度に43・9兆円だった一般会計税収は２０２３年度には71兆円にまで27兆円もの回復を遂げた。同時期には二度の消費税増税があったが、消費税増税による税収増はそのうち12・5兆円ほど、残りは黒字法人や家計所得増による自然増徴である。

投資需要の多さに金利がせり上がる状況で、プライマリ・バランスの黒字化が必要になったとき、税収の自然増はプライマリ・バランスを大きく改善しているであろう。さらに、需要の増大が課題となる経済状況では、財政維持のためだけではなく、総需要の抑制のためにも増税は望ましい政策となる。

現代の先進国において、財政政策と金融政策の垣根は徐々に低いものとなっている。そして、重要な政策目標を達成するためには、今日「財政政策」と呼ばれている政策、今日「金融政策」と呼ばれている諸政策は、高い連携性をもって運用されなければならない。かつて金科玉条のように主張された「金融政策の独立性」は、より限定的な、政策の細部に関する独立性に限定されるべきである。

そして、これらの財政・金融連携の前提となる政府債務の長期的維持可能性についても、狭義の財政の枠内だけで問題をとらえることはできない。現在の先進国経済では、自然利子率は低い水準にある。長期国債利回りに代表される長期金利を自然利子率と同じか——またはそれを下回る水準に置くことが金融政策の使命である。低位の金利水準という前提要件のもとで政府の支出・課税の水準は決定される必要がある。

そして、財政の維持可能性条件のひとつであるドーマー条件については、幸せな形で、満たされなくなる場合がある。収益性のある投資プロジェクトが登場し、その投資需要によって自然利子率が上昇する状況だ。ドーマー条件が満たされないなかで政府債務の対GDP比を維持していくためにはプライマリ・バランスの黒字化が求められる。これが目指すべき理想の「財政再建」であろう。これからの経済政策が目指すべきはこの「理想の財政再建」を可能にするための成長政策を描くことにある。

第四章　需要が供給を喚起する

——求められる長期的総需要管理への転換

これまでの議論をまとめてみよう。

第一章では、公債負担論を援用しながら国債を財源とする財政支出の負担は足元の経済状況によって異なることを示した。供給能力（潜在ＧＤＰ）に対して需要が下回る状況では、内国債発行による財政出動は現在世代・将来世代の双方にとって租税に比べて負担の少ない政府支出の方法となる。

続く第二章では、金融政策について伝統的金融政策と非伝統的金融政策の連続性を示した。長期停滞論が示唆するように、自然金利が低迷する状況では、それにあわせた長期金利の抑制が必要となる。一方、金融政策は外発的な需要増の影響を最大化するという受動的な特徴をもつ。ここから、金融政策の効果を十二分に発揮するために財政政策を併用するという考え方が必要となる。

そもそも財政政策と金融政策はどのように区別するべきなのだろう。第三章では両者の連続性・不可分性を示したうえで統合政府債務の総額を決める財政政策、その内訳を決めることで金利をコントロールする金融政策という整理を示した。そのうえで、マクロ経済政策の二大手段の連動とそれによる長期的成長への戦略が必要であると論じている。

長期的な経済政策と聞くと、２０００年代に流行した構造改革論が想起されるかもしれない。経済成長は労働力・資本（生産設備）・生産性から決定される。生産性を向上させるサプライサイドの強化こそがこれからの日本に求められる経済政策であるという主張は根強い。しかし、生産性を向上させるのは本当に供給サイドの経済政策なのだろうか。結論を先取りしておこう。供給サイドの強化をもたらすのは需要であり、これからの財政・金融政策は需要を通じた生産性向上政策として運用される必要がある。供給から需要への視点の転換こそが、現代日本のマクロ経済政策に求められている。

1　高圧経済論とマクロ経済政策

教科書的には、財政政策・金融政策は不足する需要を喚起し、経済活動を供給能力・潜在GDPと等しくなる水準にまで引き上げることを目的に行うとされる。一方で、供給能力については制度や企業の競争状況、技術水準といったファンダメンタルズ（基礎的条件）によって――つまりは需要サイドとは無関係に決定されると想定することが多い。

この考え方に一石を投じるのが高圧経済論（High-pressure Economy）の主張である。長期的な供給能力もまた需要と独立のものではない。

高圧経済論とは何か

高圧経済論という言葉が経済学のなかで一般化したきっかけは、オーカン（Arthur M. Okun, 1928〜1980）の1973年の論文「高圧経済における上昇移動（Upward Mobility）」[64]にある。「高圧経済」とは需要が短期的な供給能力を上回ることで、供給不足、なかでも労働市場における人手不足が顕在化する状況を指す。

もっとも、経済学をかじったことのある者がオーカンと聞いて第一に思い浮かぶのはオーカンの法則であろう。「失業率が1％減少すると、GDP（GNP）は3％上昇する」という相関関係は米国においてオーカンによる発見の後も安定的に観察され続けた（ただし、日本においてはそれほど安定的な関係ではないとの指摘が多い[65]）。この関係は経験則として興味深いだけでなく、重要なパズルを含んでいる。

失業率が1％低下することは、おおまかには労働量の1％増加を意味する。働き手が1％増えたとき、付加価値（粗利）はどれだけ増加するだろう。居酒屋で店員を倍にしたら利益が倍になったという話は聞いたことがない。一事業所の単位で考えると生産設備・技術が一定の状況で労働者だけを倍増させても、通常、利益は倍には増えない。しかし、マクロでは1％の労働の増加はその三倍ものGDP（付加価値）の増大をもたらす。1973年の論文はその10年前にオーカン自身が発見した経験則の理由を探求する内容になっている。実際に生産に携わる労働者の増加以上の総生産の増大はどこからもたらされるのだろう。

第一に思い浮かぶのが時間外労働の増加である。好況期には残業が増える。その結果、「働いている人数」の増加は1％にすぎなくても、「国内の総労働時間」はより大きく増加するかもしれない。

また、統計上の失業の定義が「職がなくかつ求職活動を行っている者」に限定されることの影響もある。不況による就職の難しさに求職活動自体を諦めている者は失業者にカウントされない。このような労働者をディスカレッジド・ワーカー（Discouraged Worker）と呼ぶ。好況になると、就業可能性が上がる。すると、ディスカレッジド・ワーカーが職探しを再開し、失業者としてカウントされるようになる。そのため、好況によって統計上の失業率が1％下がるとき、労働者数の増加は1％以上である可能性が高い。

ちなみに、2010年頃の日本経済はこれと逆の状況を経験している。リーマンショック以降の不況のなかで2009年から2011年にかけて就業者数が変化していないにもかかわらず失業率が低下した。当時の労働市場の厳しさから、有配偶者女性や高齢者を中心に就業そのものを諦める者が増加したことで統計上の失業者が減少してしまったことが主な理由である。

しかし、労働時間と求職の増加を勘案してもGDPの伸び3%のうち説明できるのはせいぜい2%程度と推計される。残りの1%を説明する仮説として示されたのが「労働者の上方移動」だ。好況下で活発化する労働者の移動は生産性そのものを向上させることがある。

労働生産性の上昇要因

労働生産性は付加価値（粗利）を労働量で割ることで計算される。マクロレベルでの労働生産性の向上は、

（1）労働者の能力向上や設備増強といった純粋な生産性向上
（2）労働者が労働生産性の高い産業に移動することによる生産性向上（デニソン効果）
（3）労働生産性が高い産業のシェアが高まることによる生産性向上（ボーモル効果）

に分類される。好況によるマクロの生産性への第一の影響は失業者やディスカレッジド・ワーカーといった生産活動に従事していない、計算上の生産性が0となっていた労働者がなんらかの職につくという上方移動である。オーカンのオリジナル論文以降の研究でも、好況期には相対的に立場の弱い労働者――民族や性別、学歴・職歴の面で不利な状況にある労働

者ほど就業や給与面の改善幅が大きいことが指摘されている。[66] これは直近の米国での状況とも合致する。コロナショックからの回復の過程で、米国では労働市場での評価が相対的に低い従事者が多い単純労働中心の職種ほど賃金上昇の幅が大きくなっている。

不況期には職につくことができなかった労働者が職を得て、労働の経験を積むことには就労者数の増加以上の意味がある。就業はそれ自体にOJT（On the Job Training）を通じた生産性向上効果があるためだ。一時的な需要ショックによる失業率の低下が中長期的な生産性向上につながる理由のひとつが、OJTにともなう（1）の労働者自身の生産性向上にある。

好況期の労働力移動は、失業から就業への転換だけではない。よりよい待遇を求めて、文字通りの上方移動もまた生産性を向上させうる。人手不足状況では自発的な転職が生じやすくなる。自発的な転職はより良い待遇を求めて行われる。「より良い待遇」の代表が「より高い賃金」である。前職よりも高い賃金が支払われるということは、その多くの状況において、以前の職よりも当人の能力や適性に合致した職ということになろう。能力・適性にあった職につくと、その当人の生産性は向上する。日本経済に関する実証研究でも自発的な転職の前後で労働者の生産性が向上することが示されている。[67]

（2）のデニソン効果に関する実証研究はその多くが産業毎の平均的な生産性と労働力移動の関係を比較している。[68] しかし、マクロの生産性を考えるうえでは「労働生産性の高い個人」や「労働生産性の高い企業・産業」が存在するのではなく、ある人にとって「高い生産性を発揮できる企業・産業」があるという視点にも注目する必要がある。生産性は産業・企業特性、さらには労働者個人の能力だけではなく、その組み合わせによっても決定される。

また、労働移動は技術導入や資本蓄積の観点からも重要な生産性向上の契機となる。同一地域に、旧態依然たる労働集約的な小売店と店舗運営や在庫管理のネットワーク化を進めて高い労働生産性を達成している小売店が存在しているとしよう。仮に、前者の時間あたり労働生産性は1000円、後者では3000円であるとする。

生産性に大きな差があったとしても、失業者が多数存在する状況では、両店舗の賃金に大きな差は生じない。自社の生産性がいくら高くとも、時給1000円で十分な人手を確保できる状況で、あえて賃金を上げる必要性は薄いからだ。両店舗の待遇に大きな差が生じるのは人手不足——労働者の奪い合いになる局面においてである。技術革新を進めた企業はより高い給与で生産性の低い企業から働き手を「奪う」ことができる。その結果、労働生産性が高い企業のシェアが高まることによって生産性が向上するという企業版の（3）ボーモル効果が発生する。

一方で、このような賃金上昇圧力が発生すると、企業は労働を節約するための技術導入をはかるようになる。人手が足りない、人を雇うと高くつくがゆえに省力化投資が進む。近年でも、飲食サービス業の人手不足に対応して、比較的安価な飲食店でタッチパネル注文やキャッシュレス決済の導入が急増している。タッチパネル注文やキャッシュレス決済は特別に新しい技術というわけではない。これもまた人手不足が技術導入とそのための投資を促進する好例であろう。労働市場の逼迫(ひっぱく)は設備投資を経由して、結果として(1)設備強化による生産性向上に帰着する。

雇用の1%の増大は――雇用が1%増加する以上の影響を経済にもたらす。ソロー(Robert Solow)は1965年の全米経済学会会長講演で「労働に関してだけ、長期的な収穫逓増が持続的に観察される(中略)その解決は長期理論と短期理論の統一に向けた大きな一歩となるだろう」と示唆した。高圧経済論のさらなる探求はこのパラドクスへのひとつの解答を与えうるだろう。

需要はみずからの供給を創造する

半世紀前の、その後も主に労働市場に関する研究テーマととらえられがちであった高圧経済論が再び脚光を浴びるに至ったきっかけが2016年当時FRB議長だったイエレンによるボストン連邦準備銀行での講演である。

4—1　需要ショックを受けた経済成長のモデル

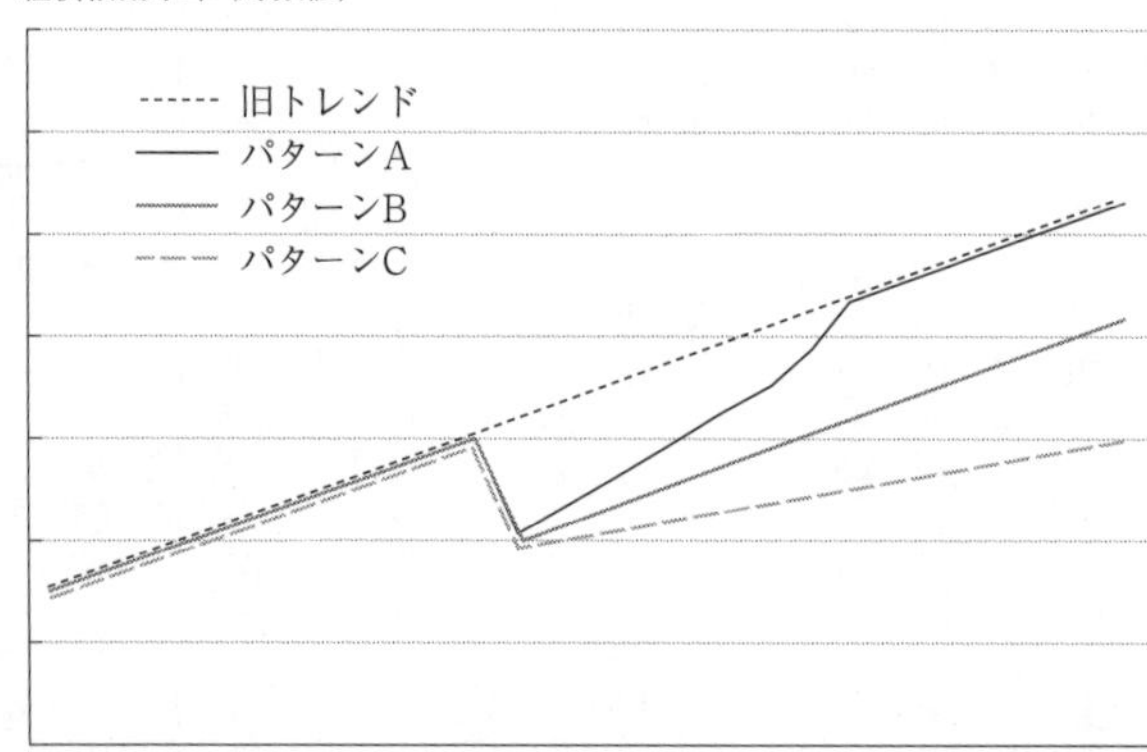

Blanchard et al（2015）等を参考に作成

「総需要の変化が総供給に大きく、かつ持続的な影響を与える状況はあるのだろうか。——大不況（2008年）以前にはほとんどの経済学者はこの問いに〝ノー〟と答えただろう[69]」

ではじまるスピーチは、現代の少なからぬ経済学者が「総需要の変化が総供給に大きく、かつ持続的な影響を与える」と考えるに至った変化に対応している。2008年の大不況（リーマンショック）は主要国の経済に不可逆的な変化をもたらした。高圧経済とは逆の、いわば低圧状態を経験した経済は、一時的ではない——継続的な経済の停滞を経験する。

かつての主流派経済学は、一時的な需要ショックによる経済停滞は、その後の高成長によって埋め合わせられると考えることが多かった。

供給能力は科学技術の進歩などにより上昇し続けて行くのだから、需要が回復すれば4―1パターンAのような推移をたどって経済はかつての成長経路に戻るというわけだ。

しかし、リーマンショック後にそれを取り戻す高成長は生じなかった。せいぜいショック前の成長率に回帰する（パターンB）か、むしろ成長トレンドそのものが低下してしまった国（パターンC）が多い。[70]この傾向はリーマンショックに限ったものではない。ブランシャールらはOECD23ヵ国における1960年代以降の122回の景気後退の後、その7割において不況後に持続的な経済成長率の低下が観察されたことを示している。[71]

これらの経験は「総需要の変化が総供給に大きく、かつ持続的な影響を与える」ことを示している。

すでに高圧経済論について概説した後では、これは当然のことと感じられるかもしれない。相対的に不利な立場、つまりは失業しやすい労働者が職を失うとOJTを通じた技能形成が進まない。人手が余っているため賃金引き上げを通じた高生産性企業への労働移動も生じない。さらに、安価な労働力を得られることから人件費を節約するための省力化投資や技術導入が停滞する。このような負の影響を後から取り戻すことはできない。

好景気が持続的な経済成長をもたらすとする高圧経済論に対して、このような不況が長期的な成長の低下をもたらすとする議論は履歴効果、あるいはヒステレシス（Hysteresis）と呼ばれることが多い。高圧経済論と履歴効果は同一の現象——需要はみずからの供給を生み出し、需要不足は供給能力自体を損ねるという現象を別の角度から観察したものともいえる。

政策ルールから裁量の目安へ

総需要と総供給のうち、制約的な側面——つまりは、小さい方で現実のGDPは決定される。これが、マクロ経済学のショートサイド原則である。一方で、高圧経済論が妥当する状況、つまり総需要が過大である状況では持続的な供給能力や潜在成長率の上昇がもたらされる。そして過小な総需要はこれらの長期にわたる停滞を招く。このような対称性を踏まえると、経済が「適切な範囲で」需要超過状態のまま推移するような政策運営が求められることがわかる。かつてのマクロの安定化政策は総需要と供給能力をできる限り一致させることを目標とすべきだと考えられてきた。しかし、その常識はくつがえされつつある。

需要主導の経済環境で、総需要政策は何をみて運用されるべきなのだろう。現代的な経済モデルであれば、ここで新たな金融政策や財政政策のルール化に議論が進むところだ。しかし、厳密な政策ルールを定め、実際の政治のプロセスのなかでそれを維持することは現実的な政策提言とはいいがたい。次善の政策システムは、政策運営に関する意思決定の際に重視すべき項目やその優先順位について政策決定者・実業界、そして国民の意識が共有されることだろう。

需要主導の経済環境で、理論的に最も重要な指標となるのが需要と供給能力の乖離を示すＧＤＰギャップである。第一章３節で説明したように、現行の内閣府・日銀が推計するＧＤＰギャップ（日銀での名称は需給ギャップ）はプラス２％を少し超える水準で需要水準と供給能力の上限が等しくなると考えられる。したがって、ＧＤＰギャップが２％に到達するまでは財政政策・金融政策は緩和的に行われるべきだ。わずかにプラスなだけのＧＤＰギャップは財政再建の加速や金利引き上げの理由にはならない。むしろ、高圧経済の効能と低圧経済のもたらすダメージという非対称性に注目する必要がある。

その一方で、ＧＤＰギャップを正確に知ることが困難なこともまた確かである。日本に限らず、各国のＧＤＰギャップは様々な仮定を重ねることで求められる、雑音の多い数字である。そのため、ＧＤＰギャップ推計だけを単一の指標として政策を運営することはできない。これも政策のルール化が困難な理由のひとつである。

ＧＤＰギャップに加えて、政策運営において参照すべき指標のひとつが物価・インフレ率である。総需要が供給能力を上回る状況ではディマンド・プル型のインフレが発生する。インフレーション・ターゲット論にもみられるように、経済学にとどまらず中央銀行の実務のなかでも物価・インフレ率は政策立案の指針となってきた。

4－2　物価指数動向（前年同期比、％）

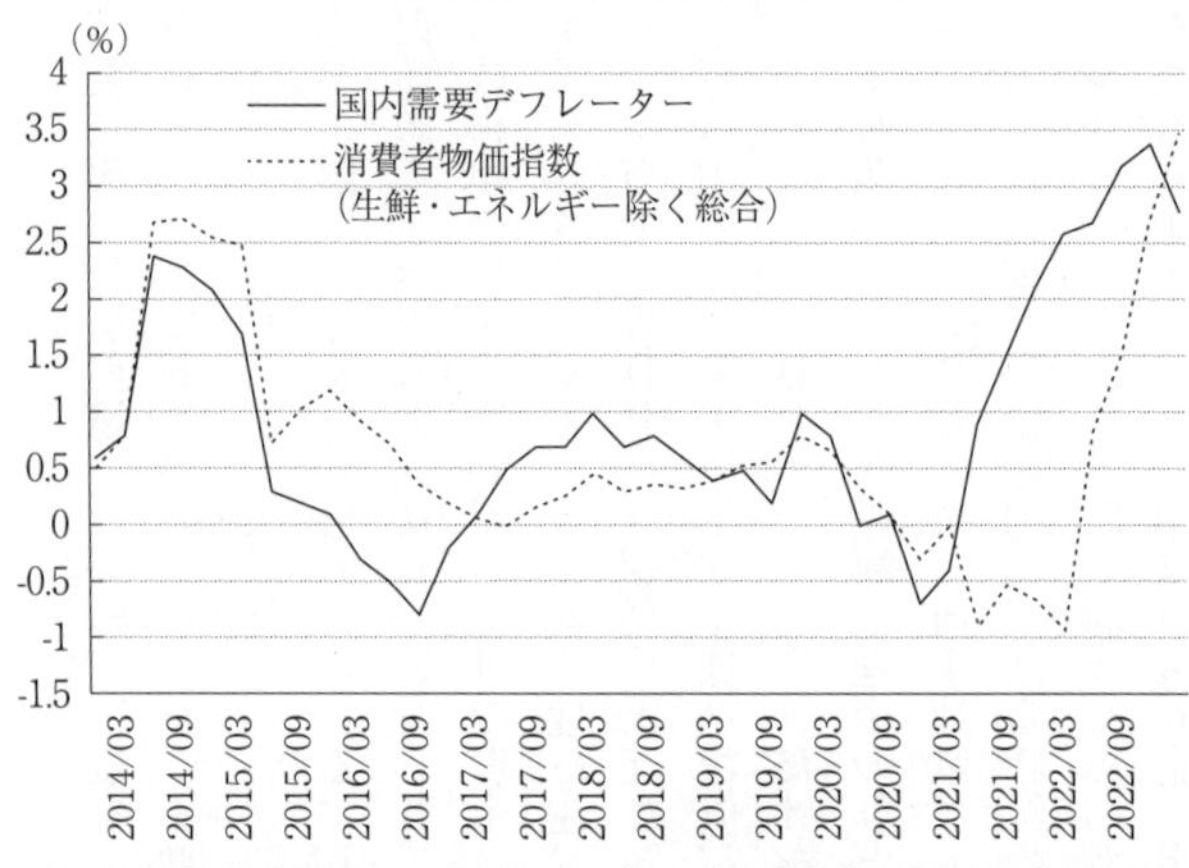

出典：内閣府「四半期別ＧＤＰ速報（ＱＥ）」、総務省統計局「消費者物価指数」2023年８月

現在の日本銀行では、生鮮食品を除く消費者物価指数総合の上昇率２％を目標として金融政策を運営している。生鮮食品の価格は天候や収穫時期のずれといったマクロの経済環境と無関係な要因によって大きく変動するためだ。ただし、マクロの経済環境と独立に価格が変動するのは生鮮食品だけではない。直近のコロナショックやウクライナショックによって痛感させられたように、エネルギー価格の変動や海外事情の変化によって特定商品の輸入困難は日本経済の状況とは無関係のインフレが発生しうる。そのため、政策運営の指針としては、俗にコアコア指数と呼ばれる食品・エネルギーを除く消費者物価指数にも一層の注目をしていく必要があるだろう。

また、これらイレギュラーの影響が小さい物価指数にGDPデフレーター、なかでも国内需要デフレーターがあげられる（4－2）。国民経済計算における国内需要デフレーターは消費・投資・政府支出等の需要項目について付加価値（＝産出－中間投入）の価格を集計したものだ。原材料価格変化の影響を除いているため、天候や海外要因など日本国の需給バランスとは無関係の価格変化の影響を受けにくい。GDPギャップの不正確さを補う情報として各種の物価指数を用いながら、マクロの需給バランスを探索していく必要がある。また、経済政策の指針として用いるための月次GDP速報の整備や各種物価指数の作成頻度を上げることはよりよい政策立案のための重要な準備となる。

GDPギャップと物価指数が示す需給バランスに齟齬（そご）があるとき、もうひとつの注目すべきデータが雇用である。労働市場の需給バランスはマクロ経済の需給バランスと密接に関連している。だからこそ、高圧経済論の研究は主に労働市場に注目して進められてきた。失業率はインフレ率とならぶ経済政策の大目標である。

インフレが実質賃金の引き下げを通じて雇用を刺激する可能性については本書でも第一章3節で触れたが、失業率とインフレ率の逆相関を示すフィリップス曲線は、1960年代から70年代にかけてマクロ経済学論争の中心テーマであった。インフレが雇用を刺激するのか、雇用の増加と失業の減少がインフレをもたらすのか。因果の方向は一方向に限定されるものではない。だからこそ、インフレ率と失業率はともにマクロの需給バランスをはかるうえでの重要な材料となる。

しかし、統計上の失業率をそのままの形で政策目標として用いるのは適切ではない。統計上の失業はあくまで「現在職についておらず」かつ「職探しをしている」者に限られる。そのため、景気動向によるディスカレッジド・ワーカーの増減や転職の活発化によって大きく影響を受けるからだ。そこであらためて注目されるのが、賃金動向である。年齢・学歴、雇用形態などで調整した賃金指数が上昇しているか、賃金が伸びている産業と低下している産業の分布などを把握する必要がある。

GDPギャップ、物価動向、賃金動向を中心とした経済指標を目安に、適度な需要過剰経済の維持を目指すことで、高圧経済のメリットを活かし、低圧経済による経済の長期的な停滞を回避する必要がある。先述のようにその政策手法を明確なルールとして示すことは、現段階では、難しい。しかし、これからのマクロ経済政策は、需要主導の経済政策運営を続けるなかで、その手法や参照指標を改善していくことを通じて創造される。

また、日本の経験だけではなく、各国における高圧経済の事例研究を進めることも肝要だろう。2023年現在の米国では、コロナ禍に対応した財政・金融政策の総動員が急速な経済の回復を主導した結果として、高率のインフレと賃金の上昇、なかでも単純労働者の大幅な待遇改善が発生している。2022年以降引締に転じた金融政策のもとでも労働市場の活況は続いている。現代の米国経済は高圧経済の理想的な成長事例となるのであろうか。その評価を下すのは尚早であるが、これからの米国経済の生産性・所得の動向を観察することは、高圧経済状態における財政・金融政策の方法を考えるうえで得難いデータを提供してくれるだろう。

2 需要主導政策にむけての重要な注意点

高圧経済論とそれに基づく政策運営のポイントは、供給能力を上回る需要の圧力によって労働力の移動や投資を促進することで生産性——つまりは供給能力そのものを引き上げるところにある。

ここで、私たちは高圧経済の重要な制約に気づかなければならない。第一章2節での公債負担論において、政府支出が行われる時点での「国民負担」の有無は需給のバランスによって異なることを示した。需要不足経済では財政支出に一種のフリーランチが存在しうる。しかし、高圧経済状態ではそうはいかない。ある時点の政府支出は、同時点での別の経済活動を抑制するという負担をもたらす。さらに、公債発行による政府支出が民間の投資をクラウディング・アウトすることで将来の生産力の足かせになる可能性もある。高圧経済下での財政規模の維持は、財政による資源配分への影響――どの産業でより多くの人が働き、より多くの生産設備が用いられるか（またはその逆）の選択をともなう。したがって、高圧経済の維持を考えるためには財政の使途についての考察が欠かせない。

高圧経済と古典派的成長理論

高圧経済下での有効な財政政策方針を模索するために、そもそもなぜ高圧経済が生産性を上昇させるのかをより詳細に検討してみよう。高圧経済の長期的な効果を考えるためには、標準的な経済モデルから一歩踏み出さなければならない。現代の主流派経済成長理論では各時点での経済状況は何らかの意味で効率的であることが仮定されている。だからこそ、イエレンの言及するように「総需要の変化が総供給に大きく、かつ持続的な影響を与える状況」は「ない」と考える経済学者が多かったのだ。

一方で、労働者の移動によって経済活動の水準が変化する可能性がある――ということは変化前の労働配置が最適な状態ではなかったことを意味する。これは、市場の失敗などを除き、原則として経済主体が最適に行動することを前提とする現代の経済モデルとは相性の悪い立論である。しかし、このような非効率が存在し、その是正が経済成長の源泉であると考えるモデルは経済学の歴史を遡るとそれほど特殊なものではない。

日本をはじめ主要国経済の近代化のプロセスを考えるうえでいまもなお重要な視点を与えてくれるのがルイス（Sir W. Arthur Lewis, 1915〜1991）による古典派的成長理論、通称ルイス・モデル[72]である。古典派的成長モデルは産業・地域間の生産性の差を前提とし、それゆえに、労働力の産業・地域間移動が経済水準の恒常的な変化をもたらすという結論が導かれる。

過剰な人口を抱えるがゆえに一人当たりの生産量、つまりは労働生産性が低い農業部門（農村）から労働生産性が高い商工業部門（都市）に人口が移動すると、農業の生産減を上回る商工業の生産増が生じる。これは前節でのデニソン効果につながる議論である。この過程を通じ、近代的な経済成長がはじまる。人口移動が高度成長の源泉であり、高度成長は農村の過剰人口が払底することで終わるという考え方は転換点問題と呼ばれる。日本の高度成長もその例外ではない（むしろ典型ケースとして紹介されることが多い）。南亮進らの研究[73]では、日本で農村の過剰人口による古典派的成長の終焉――転換点は1960年代半ばにあったとされる。

現代の日本経済において、農村から都市への人口移動が高度経済成長を生むとは想定しづらい。それだけの人口は、もう農村には残されていない。さらに、2010年代には東京都の経済成長率は、急速な人口流入にもかかわらず、全国平均を大きく下回るようになっている。すでに東京都は日本の成長センターではなくなりつつあるのだ。しかし、産業・地域間の生産性格差が存在し、産業・地域間の労働や生産設備の移動が経済成長の源泉となりうるという論点はいまだ有効性を失ってはいない。

現代における経済成長もまた低生産性部門から高生産性部門への連続的な変化の蓄積――つまりは連続的な古典派的成長としてとらえることができるのではないだろうか。[74] そして、高圧経済下の経済政策はいかにしてこの連続的な古典派的成長を加速できるかにその成否がかかっている。

政府による産業選別の危険性

このように議論を進めると、成長産業を見極めて補助金や税制優遇を通じて成長産業への資源の移転を進めるべきだという議論に至ると思われるかもしれない。しかし、このような「産業政策」的な視点で古典派的な成長を促進することは難しい。これは、日本の歴史的な経験に照らし合わせると理解しやすい。

戦後の日本経済の成長と産業政策の歴史からは、政府が成長産業を選別することの難しさが浮かび上がる。第一は未来の成長産業や成長のための企業方針を株主・経営者ではない、換言するならば身銭を切らない官僚・政治家・学識経験者が選別することの困難である。そして第二の困難は、政治のプロセスは得てして補助・優遇の対象は成長産業の育成ではなく衰退産業の保護となりがちなことだ。

第一の選別の困難をあらわす好例が、1963年に審議未了にて廃案に至った特定産業振興法（特定産業振興臨時措置法案）だ。同法案をめぐるエピソードは城山三郎（しろやまさぶろう）による小説『官僚たちの夏』やそのドラマ化作品を通じてご存じの方も多いだろう。通商産業省が主導した同法案が目指したものは製鋼や有機化学、そして自動車産業について、企業の統廃合を進め、日本企業・日本経済の「構造」を「高度化」するところにあった。各方面からの反対が相次いだことで、幸運にも、廃案となったが——同法案が成立し、日本国内の多様な乗用車メーカーが「大日本自動車」に統合されていたら、後のものつくり大国としての日本は存在しなかったかもしれない。

どのようにしたら利益ある企業、高い生産性を達成する産業構造をつくることができるのか。それを確実に予想することは不可能といってよい。経済政策や企業経営に限らず、資源の利用には選択と集中が必要だと主張されることは多い。しかし、事前に将来の成長産業を見極めるという政策方針は「当たり馬券だけ選択し、集中的に買えば、競馬で大儲けができる」という必勝法に似た空虚さを感じる。「成長産業」は顧客を含めた様々な当事者の意思

4—3　産業への公的支援の強さ（順位）と成長率

	平均成長率	政府融資	補助金	関税保護	税制優遇
繊維	2.7%	11	3	2	2
鉱業	3.8%	1	1	13	1
食料品	6.3%	9	12	1	12
金属	7.2%	4	2	3	6
化学	7.6%	3	7	5	3
製紙パルプ	7.7%	6	5	10	13
窯業	8.7%	5	8	9	3
精密機械	9.3%	13	10	6	8
石油精製	9.8%	2	13	7	3
金属加工	10.1%	10	6	12	7
輸送機械	10.8%	7	11	4	8
一般機械	11.4%	12	4	11	8
電気機械	12.2%	8	9	8	8

出典：Ricard Beason an David Weinstein『The MITI Myth』1995

決定の「結果」にすぎない。

かつて、官僚の指導の下で合理的な産業計画が立案されたことを高度成長後の日本経済の持続的な成長の要因とする議論があった。これを経産省神話（MITI Myth）と呼ぶ。しかし、データ面での事実として、戦後日本の産業政策は成長産業の育成に貢献していない。4—3は戦後の日本経済について産業別の保護・公的支援の強さと産業の成長率を比較したものだ。数字は保護の強さを順位化したもので、数字が小さいほど財政や法制度から手厚い保護を受けていたことを示す。

一見してわかるように、政府による支援が強かった産業ほど成長率が低い。このデータが選別の困難を示すのか、政治のプロセスが成長産業育成よりも衰退産業保護に資金を配分しがちになるのかまではわからない。しかし、ここからも「政府が成長産業を指定して、その育成に財政資金を投入する」という政策ビジョンの問題点は明らかだろう。

このように断じると、近年の経済学研究で進む産業政策の再評価[75]からすると、あまりにも批判が過ぎると思われるかもしれない。しかし、これらの研究においても補助金や単純な業界保護が正当化されることは少ない。産業をターゲットにした成長政策は研究開発を支援するものや産業立地を誘導するといった一見間接的な手法を中心に進められる必要がある。

ここに高圧経済を目指す政策の実践上の困難がある。需要の不足を補い、むしろやや過大な需要水準を維持するために財政は拡張的に運用される必要がある。しかし、その財政資金を特定の産業に選別的に給付する、または税制優遇することは需要過剰環境のなかでは有害である可能性が高い。では、マクロ経済政策はどのような方法で「拡張的」であるべきなのだろうか。

中立的需要促進策

本書冒頭で言及したように、かつて、安定化政策はもっぱら金融政策の役割と考えられてきた。その理由のひとつがこのような選別の困難にある。

非伝統的金融政策は低金利政策が長期化するとの予想を形成し、民間の長期金利を低下させることで行われる。資金調達コストが低くなることは投資・消費を刺激する。金利が低いからといって、わざわざ収益性の低いプロジェクトを選んで投資する企業はない。国内に存在する無数の企業・事業主・家計のそれぞれが自分にとって一番利益や満足度が高いと考える投資・消費を行う。もちろん、後から振り返ってみるならば、結果として、各企業・家計の選択が失敗とわかることもあるだろう。しかし、多くのプロジェクトが実行に移されると、その一部は成功し、将来の経済成長に資することになる。

当たりくじを選んで買うことはできない。しかし、宝くじをたくさん買えば当たりを引く可能性は高くなる。いかにして多くの投資プロジェクトが実行される環境を整えるかをマクロ経済政策の仕事ととらえるのだ。第二章2節で言及したように、金融政策は生産性や起業、生産設備の増強に長期的な影響を与える。その理由のひとつはこのような民間の判断によるビジネスの拡張にある。

だからこそ、高圧経済を指向するこれからのマクロ経済政策にとっても金利とマネーに関する政策が重要な政策手段であることに変わりはない。しかし、第二章3節で示したように、金融政策単独では十分な需要を得られない可能性がある。ここで求められるのが政府による選別を最小化した拡張的財政政策の方法論である。

政府が使途を指示せず、民間の自己判断による支出を促す方法として代表的なものが減税と給付金支給だ。可処分所得に余裕をもたせ、家計や企業が自身にとってより有利だと考える先に支出することで、より良い暮らしやよりよい企業経営にむけての需要が喚起される。

しかし、減税や給付金といった手法には厄介な問題がある。第一章2節で言及したように、家計は消費の変動を避ける傾向がある。消費のスムージングと呼ばれる現象である。そのため、一時的な減税や給付金はその多くが貯蓄に回るため需要刺激効果に乏しい。もちろん、恒久減税や長期にわたる給付金支給であれば、理論的には、消費刺激の効果がある。しかし、恒久的な減税や給付は選択肢にならないことに注意しなければならない。

供給能力の上限に近い状況で国債を財源とした財政支出を行うことは、支出時点での民間経済を圧迫するとともに、将来世代への負担となる。加えて、高圧経済によって中長期的な経済成長が加速しはじめると、金利も上昇することになる。成長期待の高まりによって需要超過が進む場合には、支出の抑制や増税が求められる。だからこそ、需要動向に応じた裁量的な財政運用が困難な、つまりは一度導入してしまうと撤回や縮小が困難な財政支出は避けなければならない。

将来に財政の引締を行う必要があることが明らかな政策パッケージのもとで、恒久的な財政拡大を民間に確信させることはできない。非伝統的金融政策と同様に、財政政策の有効性を考えるうえでも予想・期待の役割は大きいのである。

一時的な減税・給付であっても消費のスムージングが生じにくいものとしては、若年層・低所得者向けの給付があげられる。現在の所得や保有資産が少ない若年層は、教育や家族形成、起業などの資金を得ることが難しい。返済の意思と能力があったとしても、それを客観的に証明する手段に乏しいがゆえに金融機関等からの借入が困難なためだ。このような状況は流動性制約と呼ばれる。流動性制約にある個人への減税・給付は消費需要に結びつきやすい。足元の景気動向を勘案して行う一時的な低所得者支援給付はひとつの選択肢となろう。また、未就業時の国民健康保険料の減免の拡大など、失業・未就業者が多い場合に増加し、人手不足期に減少する給付システムは、それ自体がビルトイン・スタビライザー（自動安定化機能）をもつ。

また、一見奇異な提案に思われるかもしれないが、直接的な経済的価値と無関係な支出もまた中立的で伸縮的な財政政策の選択肢となるだろう。社会的価値の探求、安全保障、国土保全等の事業のなかには、一時的に多額の資金・資源を必要とするものが少なくない。需要不足環境にあるタイミングでこそ、一時的に多額の資金・資源の費消が必要であるが、その後の経常的な支出を大きく増やさない経済以外の価値への公的な投資が財政政策における適切な支出先の候補となる。

人材と経営の流動化

高圧経済による生産性向上は労働者が地域・産業を超えて移動することで生じる。財政政策の効果に関する実証研究では、労働市場が柔軟で労働力移動が活発な国ほど財政政策の効果も大きいことが指摘されている。[76] これらの実証分析は、労働力移動が経済成長率を引き上げるという意味で、高圧経済論の傍証としても重要である。そして、財政の支出先として雇用の流動化促進が従来型の短期需要喚起策としても、長期の生産性向上政策としても有益である可能性をも示唆している。

これまでの不況対策を主軸とするマクロ経済政策では、リストラ等による失業を最小化し、既存の雇用を守ることを重視してきた。しかし、雇用保守型の政策ばかりでは労働力移動による生産性向上効果を得られない。なかでも高圧経済下では、賃金高騰や人材確保の困難によって業績が悪化した企業にこれまで通りの雇用を維持するための補助金をつけてはいけない。

不況期には経済全体での失業を抑制しつつ、一方で好況期の人件費高騰に対応できない企業からの離職を促進し、個々の労働者がより高い生産性を発揮できる職場への移行を促進する制度をつくるためにこそ、財政資金を投入する必要がある。

例えば、雇用調整助成金はコロナショック下での失業抑制に大きな力を発揮した。しかし、雇用の維持と引き換えに人材移動の機会が失われたこともまた確かである。これからの労働者・家計の保護策は、失職時の生活を維持し、さらには業績不振企業からのいち早い自主的な転職を促進するものに置き換えていくべきだろう。自己都合退職時にも早期に失業保険を受給できるように支給要件を緩和すること。そして新規雇用に対して補助金を支給すること。このような方向に雇用政策の軸足を移すことに財政資金を投入していくべきではないだろうか。また、離職と再就職をスムーズにするためのマッチング・システムの構築も有益な財政支出先と考えられる。

これまでの雇用流動化政策は、ともすると「企業が労働者をクビにしやすくする」制度改革を目指すものととらえられがちであった。これからの雇用流動化策は「労働者が企業を辞めやすくする」ものに変化する必要がある。直接的な財政支出をともなうもののみならず、転職しやすい制度設計を進めることも高圧経済による生産性向上効果を高める政策として重要であろう。すでに改革が進む年金のポータビリティ向上や退職金優遇税制の見直しなどの人材流動化促進策も、高圧経済を目指す経済政策に求められる課題となろう。

人材の流動化が求められるのは労働者だけではない。経営者の流動化もまた、生産性向上の原動力となる。このように書くと、スター経営者が様々な企業をCEOとして渡り歩く、米系の企業ガバナンスの勧めと感じられるかもしれない。しかし、これらスター経営者が、その特別な高給に見合うだけの生産性向上をもたらしているかは評価が分かれる。

現代の日本において、より焦眉の問題であり、直接的な効果を見込むことができるのは、事業継承問題である。一起業家がその人生をかけて育てた企業は、その起業家が優秀であればあるほど、事業継承に困難をかかえることがある。社長が優秀すぎると部下や後継者が育たず……社長の高齢化・死去とともにビジネスの継続が困難になってしまう。日本国内の中小企業には多くの技術が、取引先とのネットワークが、従業員のチームワークが存在している。これらの目にみえない生産性向上のための資源を次世代の経営者、または組織に伝えていく必要がある。そのための方法として、合併を通じた資源の他の企業への移植を促進する税制や融資支援もまたある意味での経営（者）の流動化促進なのだ。

社会保障から成長へ

一方、高圧経済を目指すマクロ経済政策運営にとって最大の課題となるのが社会保障である。公的医療・介護保険事業や年金といった社会保障支出を、需要動向にあわせて増減させることはできない。これらの社会保障システムは安定的に運用されてこそ、国民に便益をもたらしてくれるのだ。さらに社会保障の不安定化は需要不足の原因にもなる。将来の年金や医療サービスに不安があると、現役世代はそれに備えた貯蓄行動を行う。その結果、不安定な社会保障システムは現時点での消費需要を停滞させる。だからこそ、いくら現時点で供給能力に余裕があったとしても、社会保障支出の拡充によって需要の底上げをはかることは賢明ではない。

社会保障制度、なかでも公的年金についてはしばしば経済論争の焦点になってきたが、その多くが年金の財政方式に関するものであった。年金の財政方式は、一般的に、積立方式と賦課方式に大別される。積立方式は現役時代に支払っておいた保険料を積み立てておき、それを老後に受け取る制度を指す。一方の賦課方式は、ある年に現役世代が支払った保険料を用いて同時点の高齢者に給付を行う財政方式である。

現在の日本の公的年金は、公式には修正積立方式と呼ばれており、GPIFによる積立金の運用が行われている。そのため、日本の年金が積立方式で運営されているとのイメージがあるかもしれない。しかし、年金の支給には多くの税金——同時点の現役世代による負担が含まれており、賦課方式に近い制度運用となっている。賦課方式年金は「同時点の現役世代が高齢者世代を支える」システムであるため、人口構成の影響を強く受ける。そのため、団塊ジュニア世代（1970年代前半生まれ世代）が高齢者になる前に、年齢構成の影響の小さい積立方式への移行が必要であるという提言が繰り返されてきた。

しかし、「金の流れ」ではなく「財・サービスの流れ」という実物面から考えると、両財政方式に大きな差はない。日本のような国内経済のシェアが高い経済において、年金・医療・介護等の社会保障はすべて賦課方式の性質をもっている。

なぜ、社会保障を実物面からとらえると賦課方式にならざるをえないのだろう。ある年に高齢者への年金支給、または医療・介護保険を通じた政府支出を行うということは、その年に生み出された付加価値のうち一定の割合を高齢者が費消する財・サービスに振り分けるということだ。需要不足経済においては、社会保障支出の増加によって失われる「その他の財・サービス」がみえにくくなっているが、高齢者が財・サービスを――そして労働力という資源をより多く費消すると、その他の世代が利活用できる財・サービス・労働は減少する。社会保障給付の実物面での負担はいつでも同時点の現役世帯が担うこととなる。

仮に日本が医療・介護等のサービスの多くを移民労働や海外からの輸入に頼るならば、年金資金を積み立てて海外資産に投資し、その海外資産によって将来の移民労働・サービスを輸入するという社会保障設計も不可能ではない。しかし、日本経済の規模、そして四方を海に囲まれているという地理的特性から、日本国内で費消されるサービスの多くは国内で生産・供給される。その結果、社会保障制度を経由した日本国内の労働力の利用は、それ以外の経済活動で利用できる労働を減少させることから免れることはできない。

これからの日本において、社会保障制度を通じて費消される財・サービスは必然的に増大していく。いわば、これからの日本は必然的に高齢者による財・サービス需要という高圧下での経済運営を余儀なくされているといっても良い。高齢化による需要圧力を経済成長につなげるためには何が必要なのだろう。

ここで求められるのが、社会保障制度を通じて労働供給能力を増大させていく視点である。医療保険事業を通じて中高年層の健康寿命を延ばすことは、健康促進のための医療サービスの需要となると同時に、健康なシニアの増加が高齢者雇用を促進することで供給能力維持策にもつながる。このような好循環を維持するためにも、高齢者雇用の従業を可能にするための職場環境の整備、各種機器の導入への財政的なサポートが求められる。

その一方で、医療・介護は労働集約的な産業であることに注意が必要だろう。高圧経済を目指す経済政策は、人手不足経済を恒常化させることを目的にした政策である。人手不足状況で医療・介護に振り分ける人材が増加していくと、その他の産業に従事する労働者が減少する。しかし、医療・介護への労働力移動ははたして経済全体の生産性を向上させることにつながるだろうか。非製造業・サービス産業は、もともと、資本・設備の増強による生産性上昇が生じにくい特徴をもつ。そのなかでも医療・介護関連産業の生産性は２０１０年代を通じてむしろ低下している。[77] 生産性が停滞・低下する産業への労働投入の増加はマクロの生産性を低下させることになる。

高圧経済下で社会保障制度を生産性低下に帰着させないためには三つの選択肢がある。第一が社会保障制度、なかでも直接的な人的サービスを多く利用する公的医療・介護サービスを縮小させることであり、第二はこれらの産業の機械化・合理化を進めることで必要な労働量を減少させることにある。第一の道は、仮に経済的に合理的だとしても、社会全体の幸福にとって望ましいものであるかには議論があろう。

第二の道は、医療・介護サービスに関連する経営・事務の共通化・集約化などがその第一歩となろう。小さな病院、小さな介護施設が多数存在することで全国的なサービスを維持してきた。これらの小さな事業所の連合体としての医療・介護システムを維持しながら、これからの医療・介護需要の急伸に対応するためには、事務部門の統合や患者・利用者の振り分けをコーディネートする半ば公的な組織の整備が必要であろう。あわせて公的医療・介護システムの簡素化を通じて、必要な労働力を最小化することが求められる。

そして第三の道が、医療・介護事業が生み出す付加価値を向上させる方法だ。労働生産性は売上から原材料費を除いた粗利を労働量で割った値である。生産性を上昇させる方法は、機械化や技術革新だけではない。より顧客のニーズに合致したサービスは高値で販売できる。高付加価値化は世上のあらゆるビジネスで最重要課題ととらえられている。しかし、医療・介護の世界では事情が異なる。産業へのニーズの多くが公的保険事業に依拠していることで、サービスの単価を民間事業所が決定できない。医療・介護の付加価値を増大させるための医療ツーリズム、富裕層向けの付加的なサービスを公的保険システムと同居させることで、医療・介護産業の生産性向上を目指す必要がある。

これからの日本、そして高圧経済による成長を企図する日本において、社会保障関連支出と生産性の関係は大きな課題となる。その解決策となりうる三つの方法は、排他的なものではない。いかなる割合で、いずれの手段によってこの問題を乗り越えていくか——社会保障改革はこれからの日本経済の最大の難問となるだろう。

高圧経済はバラ色の未来ではない

緩和的な財政・金融政策によって軽度の過剰需要を維持する、その過剰需要自体が中長期的な経済成長の源泉となる——高圧経済論はともすると誰もが豊かで幸せになる魔法の杖(つえ)のように感じられるかもしれない。しかし、その理解は誤りだ。供給能力を超える総需要があるとき、財政支出にフリーランチは存在しない。高圧経済論は、いわば、「フリーランチのない経済状況を維持することで経済は成長する」という主張なのである。

労働市場の需給が逼迫する状態では、ビジネス環境の変化に適応できない企業は営業継続のための人手を確保できなくなる。高騰する賃金についていくことができず、事業の継続が困難となる企業はむしろ現在より増加するだろう。また、公共事業が安全保障や国土保全といったこれまでとは異なる基準で実施されるようになると、土木・建設業界への需要が減少する地域がでる。公共事業もまた取捨選択が必要な状況になるのだ。需要不足下では地域に雇用をもたらす機会として歓迎さえされてきた医療・介護事業も、効率向上や市場化の波にさらされることとなるかもしれない。

高圧経済は大きな社会的変化をもたらす。経済が再び成長すると、成長産業が生まれ、その裏側で衰退する産業が生じる。人手不足環境での貴重な労働の獲得競争は、成長する企業と、その裏側で衰退する企業をつくる。かつて花形だったビジネスは、将来の衰退産業となるかもしれない。新しい技能や知識をもつ若者が高い生産性を発揮し、筆者や一部の読者は労働市場において無用なお荷物となるかもしれない。

日本における停滞の30年は、ある意味では、安定した経済・社会をもたらした。新規の成長企業は少なく、かつての花形業界・企業はいつまでも花形のままでいることができた。経験あるベテランは若手よりも高い生産性を発揮し、親世代の所得よりも子ども世代の所得が低い状況では年長者の優位は家庭内においても揺るがなかった。

日本経済の未来はどこにむかうのか、むかうべきなのか。停滞と安定の時代から、成長と不安定の世界への変化を選択するのならば、それにあわせて財政・金融政策も大きな転換が必要である。そのいずれを選択するのか。変化の道を選択するためのタイムリミットは近くに迫っているのではないだろうか。

謝辞

刊行にあたり、早稲田大学の若田部昌澄氏、上智大学の中里透氏には草稿への丁寧かつ詳細なコメントをいただいた。特に記して感謝したい。また、4章は「マクロ経済政策研究会」（原田泰代表）、21世紀政策研究所「経済構造研究会」（永濱利廣座長）での報告とコメントを元に執筆した。同研究会の両代表ならびに参加のみなさまに負う記述も少なくない。さらに2020年にはじめたnoteでのマガジン、メンバーシップ内では本書の内容についてくりかえし発表・紹介してきた。いただいた感想等も執筆にあたり大いに参考にさせていただいた。無論、残された誤りの責は筆者にある。

本書は昨年の夏に執筆の誘いをうけ、企画が始まったにもかかわらず、脱稿に1年以上を要することとなった。筆者の怠惰と遅筆に我慢を重ね、企画から細部に至る表現まで適切な指摘を続けてくださった中公新書編集部の工藤尚彦氏に感謝して本書の結びとしたい。

2023年10月

飯田泰之

2011年。
66 Aaronson, S. R., M. C. Daly, W. L. Wascher and D. W. Wilcox, "Okun Revisited: Who Benefits Most from a Strong Economy?" *Brooking Papers on Economic Activity*, BEPA Conference Drafts, 2019.
67 山田久『失業なき雇用流動化――成長への新たな労働市場改革』慶應義塾大学出版会、2016年。
68 星野卓也「高圧経済政策が労働市場にもたらした好影響」、原田泰・飯田泰之編『高圧経済とは何か』所収、金融財政事情研究会、2023年。
69 Yellen, J. L., "Macroeconomic Research After the Crisis," Federal Reserve Bank of Boston, 2016.
70 Ball, L. M., "Long-Term Damage from the Great Recession in OECD Countries," *NBER Working Paper Series*, 20185, 2014.
71 Blanchard, O., E. Cerutti and L. Summers, "Inflation and Activity – Two Explorations and their Monetary Policy Implications," *NBER Working Paper Series*, 21726, 2015.
72 Lewis, W. A., "Economic Development with Unlimited Supplies of Labour," *The Manchester School*, 22（2）, 1954.
73 南亮進『日本の経済発展〔第３版〕』東洋経済新報社、2002年（初版1981年）。
74 吉川洋『マクロ経済学の再構築――ケインズとシュンペーター』岩波書店、2020年。
75 Juhász, R., N. J. Lane and D. Rodrik, "The New Economics of Industrial Policy," *NBER Working Paper Series*, 31538, 2023.
76 宮本弘曉『日本の財政政策効果――高齢化・労働市場・ジェンダー平等』日本経済新聞出版、2023年、主に第４章および第Ⅱ部。
77 日本生産性本部『労働生産性統計』各月。

木正徳訳『MMT 現代貨幣理論入門』東洋経済新報社、2019年).

51　飯田泰之『日本史に学ぶマネーの論理』PHP 研究所、2019年、第1章。

52　日本銀行 web ページ「日本銀行の目的・業務と組織＞日本銀行の利益はどのように発生しますか？　通貨発行益とは何ですか？」。

53　初項1000÷1.1万円、公比1/1.1の等比数列の和の公式を参照。

54　飯田泰之「金融政策と財政政策の相互関係をめぐって」、安達誠司・飯田泰之編『デフレと戦う——金融政策の有効性』所収、日本経済新聞出版社、2018年。

55　岩田規久男『金融政策の経済学——「日銀理論」の検証』日本経済新聞社、1993年。

56　Posen, A. S., "Implementing Japanese Recovery," PIIE Policy Briefs, 1999.

57　Eichengreen, B. et al., *In Defense of Public Debt*, Oxford University Press, 2021（岡崎哲二監訳、月谷真紀訳『国家の債務を擁護する——公的債務の世界史』日本経済新聞出版、2022年).

58　塩路悦朗「物価水準の財政理論と非伝統的財政・金融政策：概観」PRI Discussion Paper Series 18A-07、2018年。FTPL に関する基本文献としては、Sims, C. A., "A Simple Model for Study of the Determination of the Price Level and the Interaction of Monetary and Fiscal Policy," *Economic Theory*, 4（3), 1994などが代表的である。また、木村武「物価の変動メカニズムに関する２つの見方——Monetary View と Fiscal View」(『日本銀行調査月報』2002年７月号）が平易な解説を提供している。

59　財務省「外国格付け会社宛意見書（要旨)」2002年５月２日。

60　日本的な「ドーマー条件」がいかにして生まれたかは畑農鋭矢の blog での論考を通じて明らかになった。その概要は畑農鋭矢・林正義・吉田浩『財政学をつかむ〔新版〕』(有斐閣、2015年）参照。

61　Jordà, Ò., K. Knoll, D. Kuvshinov, M. Schularick and A. M. Taylor, "The Rate of Return on Everything, 1870-2015," *The Quarterly Journal of Economics*, 134（3), 2019.

62　Blanchard, O., *Fiscal Policy under Low Interest Rates*, The MIT Press, 2023（田代毅訳『21世紀の財政政策——低金利・高債務下の正しい経済戦略』日本経済新聞出版、2023年).

63　自然利子率の不確実性や今後の傾向に関する歴史・理論両面からの解説としては、若田部昌澄「金融政策の未来：貨幣経済学の歴史に学ぶ」(景気循環学会第38回大会における基調講演、2022年12月３日）参照。

64　Okun, A. M., "Upward Mobility in a High-pressure Economy," *Brookings Papers on Economic Activity*, 4（1), 1973.

65　黒坂佳央「オークン法則と雇用調整」『日本労働研究雑誌』No. 610、

ータは、飯田泰之「米英リフレ政策発動と日本の現状」（Blog「こら！たまには研究しろ」2009年３月21日エントリ）。

35　総務省統計局「労働力調査（詳細集計）」。

36　日本不動産研究所「市街地価格指数」など。

37　植田和男「日本、拙速な引き締め避けよ　物価上昇局面の金融政策」『日本経済新聞』2022年７月６日朝刊。

38　「補完当座預金制度基本要領」2023年６月16日改正。なお、コロナショックに対応して実施された「地域金融強化のための特別当座預金制度」等については割愛する。

39　Ma Y. and K. Zimmermann, "Monetary Policy and Innovation," Jackson Hole Conference, 2023.8.25.

40　Jordà, Ò., S. R. Singh and A. M. Taylor, "The Long-Run Effects of Monetary Policy," *NBER Working Paper Series*, 26666, 2020.

41　"Factors Affecting Reserve Balances of Depository Institutions and Condition Statement of Federal Reserve Banks," Federal Reserve Board（Weekly）.

42　Hansen, A. H., "Economic Progress and Declining Population Growth," *American Economic Review*, 29（1）, 1939.

43　Cowen, T., *The Great Stagnation: How America Ate All the Low-Hanging Fruit of Modern History, Got Sick, and Will (Eventually) Feel Better*, Dutton, 2011（池村千秋訳『大停滞』NTT 出版、2011年）.

44　Summers, L. H., "U.S. Economic Prospects: Secular Stagnation, Hysteresis, and the Zero Lower Bound," *Business Economics*, 49（2）, 2014.

45　厚生労働省『賃金構造基本調査』によると、1970年度の大卒初任給中央値は39,900円。2019年度は210,200円である（ともに男女計）。

46　Krugman, P. R., "It's Baaack: Japan's Slump and the Return of the Liquidity Trap," *Brookings Papers on Economic Activity*, 29（2）, 1998.

47　文部科学省『学校基本調査』各年。

48　Rosling, H. with O. Rosling and A. R. Rönnlund, *Factfulness: Ten Reasons We're Wrong About the World – and Why Things Are Better Than You Think*, Flatiron Books, 2018（上杉周作・関美和訳『FACTFULNESS　10の思い込みを乗り越え、データを基に世界を正しく見る習慣』日経 BP 社、2019年）.

49　初期のモデルに近い解説としては、小野善康『不況のメカニズム――ケインズ『一般理論』から新たな「不況動学」へ』（中公新書、2007年）、資産選好や国際経済に考慮した解説としては、小野善康『資本主義の方程式――経済停滞と格差拡大の謎を解く』（中公新書、2022年）など。

50　Wray, L. R., *Modern Money Theory: A Primer on Macroeconomics for Sovereign Monetary Systems*, 2nd ed, Palgrave, 2015（島倉原監訳、鈴

に異なる）が「古典派の第一公準・第二公準」といった部分が当該論点への言及。

19　飯田泰之『日本史に学ぶマネーの論理』PHP 研究所、2019年。

20　日本における経済統計の解説は、高安雄一『やってみよう景気判断――指標でよみとく日本経済』（学文社、2016年）、GDP 統計と乗数効果を考える際の課題は飯田泰之「乗数効果と公共事業の短期的効果への疑問――藤井聡先生へのリプライ」（Synodos、2014.2.24）参照。

21　Auerbach, A. J. and Y. Gorodnichenko, "Measuring the Output Responses to Fiscal Policy," *Economic Policy*, 4（2）, 2012; *Fiscal Policy after the Financial Crisis*, University of Chicago Press, 2012; "Fiscal Multipliers in Japan," *Research in Economics*, 71（3）, 2017がそれぞれ米、OECD 各国、日本についての実証研究である。ハンディなサーベイに森泰二郎「財政乗数についての諸議論」（『ファイナンス』2018年 7 月号）など。

22　菊地雄太・今井晋・鈴木広人「近年の生産関数推定法の概観」『社会科学研究』72（2）、2021年。

23　吉田充「GDP ギャップ／潜在 GDP の改定について」内閣府経済政策分析 DP、2017年。

24　川本卓司・尾崎達哉・加藤直也・前橋昂平「需給ギャップと潜在成長率の見直しについて」BOJ Reports & Research Papers、2017年。

25　以下の説明は「マネーストック統計の解説」（日本銀行調査統計局、2023年 6 月版）による。

26　例えば、Christiano, L. J., M. Eichenbaum and C. L. Evans, "Nominal Rigidities and the Dynamic Effects of a Shock to Monetary Policy," *Journal of Political Economy*, 113（1）, 2005がその典型である。

27　Moore, B. J., *Horizontalists and Verticalists: The Macroeconomics of Credit Money*, Cambridge University Press, 1988.

28　軽部謙介『ドキュメント　ゼロ金利――日銀 VS 政府　なぜ対立するのか』岩波書店、2004年。

29　当時の金融緩和論の理論的支柱となった書籍として、岩田規久男『デフレの経済学』（東洋経済新報社、2001年）があげられる。

30　2023年 2 月 7 日 The Economic Club of Washington 講演など。

31　「デフレ脱却と持続的な経済成長の実現のための政府・日本銀行の政策連携について（共同声明）」2013年 1 月22日。

32　Yano, Koiti, Yasuyuki Iida and Hajime Wago, "Fiscal Policy and The Share of Non-Ricardian Households: A Monte Carlo Particle Filtering Approach," World Congress of Econometric Society, 2010.

33　日本銀行の政策に関する公的なリリースは同行 web ページ「金融政策の概要」に詳しい。

34　浜田宏一「日銀は産業界を苦しめている――英・米・欧州に匹敵する大胆な金融緩和策を」『VOICE』2009年 9 月号。同論考のバックデ

註　記

1　Blinder, A. S. and J. L. Yellen, *The Fabulous Decade: Macroeconomic Lessons from the 1990s*, Century Foundation Press, 2001（山岡洋一訳『良い政策 悪い政策――1990年代アメリカの教訓』日経 BP 社、2002年）.

2　以下、日本の財政関連のデータは、特に断りがない場合は、『日本の財政関連資料』（2023年４月版、財務省）から2023度末見込み額を引用している。

3　「主要国（地域）の対外純資産」、財務省『令和４年末現在本邦対外資産負債残高の概要』資料、2023年５月26日。

4　総務省「人口推計」2023年３月概算値。

5　OECD Economic Outlook, Volume 2023, Issue 1.

6　同上。

7　『債務管理リポート2023――国の債務管理と公的債務の現状』財務省理財局、2023年。

8　日本銀行「営業毎旬報告」2022年８月15日。

9　郡司大志・平賀一希・宮﨑憲治「日本における税収弾性値の推定」『日本経済研究』No. 77、2019年。

10　本節での公債負担論争の学説史上の整理は、清水俊裕『財政赤字の経済分析をめぐって』（三菱経済研究所、2002年）を参考にしている。

11　Buchanan, J. M., *Public Principles of Public Debt*, Liberte, 1958.

12　Brownlee, O. H. and E. D. Allen, *Economics of Public Finance*, Prentice-Hall, 1945の例による。近年の日本での状況については、飯田泰之「財政乗数と部門内クラウディング・アウト仮説――都道府県建設業パネルデータによる検証」『政經論叢』87（3-4）、明治大学政治経済研究所、2019年。

13　財務省「国債等の保有者別内訳」2023年３月末速報。

14　Bowen, W. G., R. G. Davis and D. H. Kopf, "The Public Debt: A Burden on Future Generations," *American Economic Review*, 50（4）, 1960.

15　宇南山卓・古村典洋・服部孝洋「コロナ禍における現金給付の家計消費への影響」経済産業研究所 Discussion Paper Series、2021年。

16　飯田泰之『ゼロから学ぶ経済政策』角川 one テーマ21、2010年。

17　Modigliani, F., "Long-Run Implications of Alternative Fiscal Policies and the Burden of the National Debt," *The Economic Journal*, 71（284）, 1961.

18　Keynes, J. M., *The General Theory of Employment, Interest and Money*, Macmillan, 1936の３章など、邦訳はたくさんある（題名もそれぞれ

飯田泰之（いいだ・やすゆき）

1975年生まれ．東京大学経済学部卒業後，同大学院経済学研究科博士課程単位取得退学．駒澤大学経済学部准教授，明治大学政治経済学部准教授を経て22年より同教授．財務省財務総合政策研究所上席客員研究員，内閣府規制改革推進会議委員などを歴任．専攻はマクロ経済学・経済政策．
著書『経済学思考の技術』（ダイヤモンド社，2003年）
『ゼロから学ぶ経済政策』（角川 one テーマ21，2010年）
『経済学講義』（ちくま新書，2017年）
『日本史で学ぶ「貨幣と経済」』（PHP 文庫，2023年）
共編著『地域再生の失敗学』（光文社新書，2016年）
『デフレと戦う』（日本経済新聞出版社，2018年）
など。

財政・金融政策の転換点
中公新書 *2784*

2023年12月25日発行

著　者　飯田泰之
発行者　安部順一

本文印刷　三晃印刷
カバー印刷　大熊整美堂
製　　本　小泉製本

発行所　中央公論新社
〒100-8152
東京都千代田区大手町 1-7-1
電話　販売 03-5299-1730
　　　編集 03-5299-1830
URL https://www.chuko.co.jp/

Published by CHUOKORON-SHINSHA，INC.
Printed in Japan　ISBN978-4-12-102784-9 C1233

中公新書刊行のことば

一九六二年一一月

いまからちょうど五世紀まえ、グーテンベルクが近代印刷術を発明したとき、書物の大量生産は潜在的可能性を獲得し、いまからちょうど一世紀まえ、世界のおもな文明国で義務教育制度が採用されたとき、書物の大量需要の潜在性が形成された。この二つの潜在性がはげしく現実化したのが現代である。

いまや、書物によって視野を拡大し、変りゆく世界に豊かに対応しようとする強い要求を私たちは抑えることができない。この要求にこたえる義務を、今日の書物は背負っている。だが、その義務は、たんに専門的知識の通俗化をはかることによって果たされるものでもなく、通俗的好奇心にうったえて、いたずらに発行部数の巨大さを誇ることによって果たされるものでもない。現代を真摯に生きようとする読者に、真に知るに価いする知識だけを選びだして提供すること、これが中公新書の最大の目標である。

私たちは、知識として錯覚しているものによってしばしば動かされ、裏切られる。私たちは、作為によってあたえられた知識のうえに生きることがあまりに多く、ゆるぎない事実を通して思索することがあまりにすくない。中公新書が、その一貫した特色として自らに課すものは、この事実のみの持つ無条件の説得力を発揮させることである。現代にあらたな意味を投げかけるべく待機している過去の歴史的事実もまた、中公新書によって数多く発掘されるであろう。

中公新書は、現代を自らの眼で見つめようとする、逞しい知的な読者の活力となることを欲している。

中公新書

政治・法律

125 法と社会 碧海純一
819 アメリカン・ロイヤーの誕生 阿川尚之
2773 実験の民主主義 宇野重規
2347 代議制民主主義 待鳥聡史
2469 議院内閣制―変貌する英国モデル 高安健将
2631 現代民主主義 山本圭
1905 日本の統治構造 飯尾潤
2691 日本の国会議員 濱本真輔
2537 日本の地方政府 曽我謙悟
2558 日本の地方議会 辻陽
1687 日本の選挙 加藤秀治郎
2752 戦後日本政治史 境家史郎
1845 首相支配―日本政治の変貌 竹中治堅
2651 政界再編 山本健太郎
2428 自民党―「一強」の実像 中北浩爾
2695 日本共産党 中北浩爾
2233 民主党政権 失敗の検証 日本再建イニシアティブ
2101 国会議員の仕事 林芳正 津村啓介
2418 沖縄問題―リアリズムの視点から 高良倉吉編著
2439 入門 公共政策学 秋吉貴雄
2620 コロナ危機の政治 竹中治堅

中公新書

経済・経営

2000 戦後世界経済史　猪木武徳
2185 経済学に何ができるか　猪木武徳
2659 経済社会の学び方　猪木武徳
1936 アダム・スミス　堂目卓生
2679 資本主義の方程式　小野善康
2307 ベーシック・インカム　原田　泰
2388 人口と日本経済　吉川　洋
2338 財務省と政治　清水真人
2541 平成金融史　西野智彦
2041 行動経済学　依田高典
2501 現代経済学　瀧澤弘和
1658 戦略的思考の技術　梶井厚志
1824 経済学的思考のセンス　大竹文雄
2045 競争と公平感　大竹文雄
2447 競争社会の歩き方　大竹文雄
2724 行動経済学の処方箋　大竹文雄
2575 移民の経済学　友原章典
2473 人口減少時代の都市　諸富　徹
2751 入門　環境経済学（新版）　日引　聡・有村俊秀
2743 入門　開発経済学　山形辰史
2571 アジア経済とは何か　後藤健太
2506 中国経済講義　梶谷　懐
2770 インド―グローバル・サウスの超大国　近藤正規
2420 フィリピン―急成長する若き「大国」　井出穣治
2199 経済大陸アフリカ　平野克己
290 ルワンダ中央銀行総裁日記（増補版）　服部正也
2612 デジタル化する新興国　伊藤亜聖
2784 財政・金融政策の転換点　飯田泰之